LECTURES  SENIORS

Les Lectures ELI prése   ...e gamme
complète de publications allant des
histoires contemporaines et captivantes
aux émotions éternelles des grands
classiques. Elles s'adressent aux lecteurs
de tout âge et sont divisées en trois
collections : Lectures ELI Poussins,
Lectures ELI Juniors et Lectures ELI
Seniors. Outre leur grande qualité
éditoriale, les Lectures ELI fournissent
un support didactique facile à gérer et
capturent l'attention des lecteurs
avec des illustrations ayant un fort impact
artistique et visuel.

Guy de Maupassant
Bel-Ami

Adaptation libre et activités de Domitille Hatuel
Illustrations de Evelina Floris

LECTURES **ELI** SENIORS   PIERRE BORDAS ET FILS

Bel-Ami
Guy de Maupassant
Adaptation libre et activités de Domitille Hatuel
Illustrations de Evelina Floris
Révision de Mery Martinelli

Lectures ELI
Création de la collection et coordination éditoriale
Paola Accattoli, Grazia Ancillani, Daniele Garbuglia (Directeur artistique)

Conception graphique
Sergio Elisei

Mise en page
Diletta Brutti

Responsable de production
Francesco Capitano

Crédits photographiques
ELI

© 2013 ELI S.r.l
B.P. 6 - 62019 Recanati - Italie
Tél. +39 071 750701
Fax +39 071 977851
info@elionline.com
www.elionline.com

Fonte utilisée 11,5 / 15 points Monotype Dante

Achevé d'imprimer en Italie par Tecnostampa Recanati
ERA 210.01
ISBN 978-88-536-1595-4

Première édition Février 2013

www.elireaders.com

Sommaire

Les parties de l'histoire enregistrées sur le CD sont signalées par les symboles qui suivent :

Début ▶   **Fin** ■

LES PERSONNAGES PRINCIPAUX

Norbert de Varenne

Mme Walter

Charles Forest

Suzanne Walter

Georges Duroy

Laurine de Marelle   M. Walter

Madeleine Forestier   Clotilde de Marelle   Jacques Rival

Repères

1 **Le contexte historique. Lisez le texte et répondez aux questions.**

Bel-Ami est publié en 1885. C'est un roman contemporain car l'action se passe entre 1880 et 1883.

La guerre franco-prussienne vient de se terminer par la défaite de Napoléon III à Sedan en 1870 et la IIIᵉ République se met en place (1870-1940). Le Président Grevy nomme Jules Ferry, personnalité dominante des premiers gouvernements républicains de 1879 à 1885, chargé soit de l'éducation nationale, soit des affaires étrangères. Il engage une série de réformes sur l'instruction publique et l'expansion coloniale.

C'est aussi une période où se développe le capitalisme. L'argent occupe une place très importante qui entraîne des scandales financiers, car politique, affaire et journalisme se retrouvent mêlés. Dans les années 1880-1881, les affaires tunisiennes préoccupent le gouvernement français. La Tunisie est endettée et la France met en tutelle le pays. Un incident militaire à la frontière avec l'Algérie donne un prétexte à la France pour placer la Tunisie en protectorat en 1881.

1 Pourquoi dit-on que *Bel-Ami* est un roman contemporain ?

....

2 Sous quel gouvernement est la France ?

....

3 Quelle est la personnalité dominante en politique à l'époque ?

....

4 De quoi est chargée cette personnalité ?

....

5 Quelle place occupe l'argent ?

....

6 Par quelle question la France est-elle occupée à cette période ?

....

2 **Le contexte géographique. Complétez le résumé après avoir lu ce texte.**

Bel-Ami se passe à Paris sur la rive droite du côté des Grands Boulevards. C'est le quartier à la mode à l'époque. Il y a de nombreux cafés et restaurants, et des lieux pour se divertir. Au XIXe siècle, les Grands Boulevards acquièrent une notoriété internationale. Alfred de Musset, dans *Le Boulevard de Gand*, publié en 1886, en dit : c'est « un des lieux les plus agréables qui soient au monde. C'est un des points rares sur la terre où le plaisir s'est concentré. Le Parisien y vit, le provincial y accourt, l'étranger qui y passe s'en souvient comme de la rue de Tolède à Naples, comme autrefois de la Piazzetta à Venise. Restaurants, cafés, théâtres, bains, maisons de jeu, tout s'y presse ; on a cent pas à faire : l'univers est là. »

Le IXe arrondissement accueille les banquiers, les négociants, les industriels. De 1880 à 1910, environ la moitié des sièges sociaux des sociétés cotées à la Bourse de Paris sont dans ce quartier.

L'aristocratie et la grande bourgeoisie s'installent alors dans les quartiers plus résidentiels, comme dans le VIIIe arrondissement. Mais, le IXe reste très lié au monde des arts et des lettres.

À partir de 1862, Charles Garnier construit l'Opéra et Haussmann en aménage les abords. De nombreux théâtres animent l'arrondissement : le Vaudeville, boulevard des Capucines, les Nouveautés... De grands journaux aussi s'installent dans l'arrondissement, tel *Le Figaro* rue Drouot.

C'est aussi l'époque et le quartier où les guinguettes se développent.

Bel-Ami se passe à (0) ....*Paris*........., au cœur de la capitale, dans le (1) .... arrondissement. C'est un quartier (2) .... : de nombreuses (3) .... y ont leur siège. Pour se (4) ...., aussi, c'est un quartier très à la (5) .... : il y a des (6) .... et des restaurants. Ici, on s'amuse, mais on se cultive aussi avec (7) .... construit à partir de 1862. Les (8) .... animent le quartier et des grands (9) .... s'installent ici. Pour faire la fête, il y a aussi les (10) .... Les riches, eux, vivent non loin dans le (11) .... arrondissent, quartier plus (12) ....

Rencontre

▶ 2 Paris, mois de juin. Il fait chaud. Georges Duroy sort d'un restaurant des Grands Boulevards. Les femmes se retournent sur sa beauté. Mais, en poche, il ne lui reste que trois francs* quarante. Cela représente deux dîners sans déjeuners ou deux déjeuners sans dîners, au choix. Les repas du matin étant moins chers que ceux du soir, il choisit cette option. Il lui reste ainsi un peu de monnaies pour se payer deux collations* au pain et au saucisson ainsi que deux verres de bière, ce qui lui fait très plaisir.

Il ne sait pas trop où aller ce soir. Il aime les lieux pleins de filles publiques, leurs bals, leurs cafés, leurs rues. Il se dirige vers la Madeleine et regarde les gens assis aux terrasses qui boivent des verres. Qu'il a soif ! Il envie tous ces hommes. Il se souvient de sa vie de soldat en Algérie : comme il était facile alors de trouver de l'argent… Mais, à Paris, la vie est dure. Tout en pensant, il est maintenant au coin de la place de l'Opéra. Là, il croise un gros jeune homme qu'il reconnaît. C'est Charles Forestier. Ils se sont rencontrés justement à l'armée.

— Ah, comment vas-tu mon vieux ? demande Duroy.

— Oh ! Je tousse tout le temps. J'ai la bronchite, même en été.

Forestier est très malade. Il devrait rester dans le sud de la France, mais il ne veut pas à cause de sa femme et de son travail. Il est

le franc ancienne unité monétaire de la France   **la collation** repas léger

journaliste. Rapidement, il propose à Duroy de l'accompagner à son bureau.

— Je dirige la politique à *La Vie Française*. J'ai fait du chemin, tu sais…

Duroy est étonné par ce changement. Quand il l'a connu, Forestier était un homme maigre, un peu étourdi. Aujourd'hui, il a fière allure* dans son costume et son petit ventre rond dit que c'est un homme qui dîne bien. En trois ans, Paris l'a transformé.

Quand Forestier pose la question à Duroy :

— Et toi, que fais-tu à Paris ?

Duroy répond :

— Je crève de faim*. Je suis venu ici pour faire fortune… ou plutôt pour vivre à Paris… Mais, ça fait six mois que je travaille aux bureaux du chemin de fer*. Je ne gagne presque rien.

— Ah, je vois…

— Que veux-tu ? Je ne connais personne ici.

— Tu sais, ici, il faut de l'aplomb*. Un homme malin devient plus facilement ministre que chef de bureau. Il faut t'imposer et non pas demander. As-tu ton bac* ?

— Non, j'ai échoué deux fois.

— Ce n'est pas grave, du moment que tu as fait des études. Tu connais Cicéron et Tibère ?

— À peu près…

— Ça suffit. Personne n'en sait davantage. Le tout est de ne pas se faire prendre en plein flagrant délit* d'ignorance.

En bavardant, ils arrivent boulevard Poissonnière, devant le bureau de *La Vie Française*. Forestier doit corriger quelques épreuves* et il

---

avoir fière allure avoir un bel aspect
crever de faim être très affamé
le chemin de fer moyen de transport ferroviaire
l'aplomb confiance en soi, assurance

le bac baccalauréat
prendre en flagrant délit arrêter
l'épreuve texte imprimé d'un manuscrit avant d'être corrigé

fait entrer Duroy. Il y a beaucoup de monde : des hommes passent et repassent avec des papiers à la main. Duroy fait la connaissance de Jacques Rival, le célèbre chroniqueur duelliste*, ainsi que le poète Norbert de Varenne.

Un peu plus tard, assis devant une bière, Forestier raconte à Duroy que ces hommes gagnent des fortunes pour peu de travail. Tout à coup, il dit :

— Pourquoi tu n'essaies pas toi aussi le journalisme ?

— Mais, je n'ai jamais rien écrit…

— Bah ! Il faut bien commencer ! Je pourrais t'employer à aller me chercher des renseignements. Je vais en parler au directeur. Ça te dit ?

— Certainement !

— Alors, viens dîner chez moi demain. Il y aura le patron M. Walter, sa femme, Jacques Rival, Norbert de Varenne, une amie de ma femme et Mme Forestier.

— Mais, c'est que je n'ai pas d'habit…

— Bigre* ! Ce n'est pas possible à Paris. Il vaudrait mieux ne pas avoir de lit que d'habit. Tiens, prends ces deux louis d'or*, loue ou achète des vêtements. Tu me les rendras quand tu pourras.

— Tu es trop aimable, merci !

— C'est bon ! Tu veux encore flâner* un peu ?

— Oui, volontiers !

— Où allons-nous ? J'aimerais qu'il y ait ici un jardin comme celui du parc Monceau. Il serait ouvert la nuit, on entendrait de la musique et on pourrait boire un verre sous les arbres. Ce serait un lieu pour flâner. Alors, où veux-tu aller ?

— Je ne connais pas Les Folies-Bergères, j'y ferais bien un tour.

---

le chroniqueur duelliste journaliste spécialisé dans les duels
Bigre ! interjection d'étonnement, de surprise

le louis d'or ancienne monnaie d'or française
flâner se promener sans but précis

— Bigre ! Il fera très chaud, mais si tu veux, c'est toujours drôle.

Forestier mène donc son ami rue du Faubourg-Montmartre. Là, ils entrent sans payer, car Forestier connaît le lieu. Une foule compacte d'hommes et de femmes se trouve à l'intérieur. Les deux hommes s'installent dans une loge. Duroy ne regarde pas beaucoup le spectacle sur la scène : il est surtout fasciné par les femmes. Une d'elles l'accoste même, c'est une certaine Rachel que Duroy rejoindra plus tard dans la soirée.

Le lendemain soir, Duroy se rend chez les Forestier. En montant les escaliers, il se regarde dans un miroir et se dit qu'avec cette allure et son désir de réussir il devrait y arriver. Cependant, en entrant dans l'appartement quand un valet* lui ouvre la porte, il se sent mal à l'aise : il va faire son premier pas dans le « Monde », dans l'existence dont il rêve. C'est Mme Madeleine Forestier qui l'accueille :

— Bonsoir. Charles m'a parlé de votre rencontre d'hier soir. Quelle bonne idée il a eue de vous inviter.

Et, elle l'installe dans un fauteuil. Assis dans le velours confortable, Duroy sent qu'il devient quelqu'un d'autre, une nouvelle vie va commencer. Mme Forestier est une jeune femme blonde gracieuse. Arrive ensuite Mme Clotilde de Marelle, une petite brune vive, suivie de sa fille, Laurine. Puis, Monsieur le député Walter, un homme petit et gros, avec sa femme Virginie, aux manières distinguées, arrivent. Ce couple est le plus âgé de la soirée. Jacques Rival et Norbert de Varenne font leur apparition en même temps.

À table, Duroy est assis entre Mme de Marelle et sa fille. Il se sent gêné. On parle d'un procès et Duroy n'ose pas dire un mot. Il regarde

---

le valet domestique

de temps en temps sa voisine, Clotilde : elle est très séduisante, drôle et gentille. Le dîner est très bon. On sert du bon vin et Duroy commence à se sentir un peu ivre. La conversation tourne autour de la colonisation en Algérie. C'est là que Duroy ouvre la bouche et raconte qu'il a vécu en Algérie et parle de sa vie là-bas et de ses aventures de guerre. Tout le monde le regarde et Mme Walter propose :

— Vous devriez écrire des articles sur vos souvenirs.

Forestier saute alors sur l'occasion pour proposer à Walter de faire entrer son ami au journal.

— Il est vrai que M. Duroy a un esprit original, répond le directeur. Venez demain dans mon bureau, nous arrangerons ça. Mais avant, je voudrais que vous écriviez une petite série sur l'Algérie. Vous raconterez vos souvenirs et vous mêlerez la colonisation à cela, c'est d'actualité et ça plaira à nos lecteurs. Je veux le premier article pour demain ou après-demain.

Duroy triomphe intérieurement. Il ose enfin adresser la parole à sa voisine :

— Vous avez, Madame, les plus jolies boucles d'oreilles que j'aie jamais vues.

Son regard pénètre le cœur de la jeune femme. Mme Forestier, de son côté, le surveille d'un regard bienveillant. On parle ensuite du projet de chemin de fer métropolitain dans la capitale.

La soirée continue. Duroy se sent à l'aise avec les femmes. Mais, de peur de tout gâcher, il décide de partir.

En partant, Forestier lui rappelle :

— À demain, n'oublie pas !

En descendant l'escalier, Duroy est heureux. ∎

DELF – Compréhension

1 **Choisissez la bonne solution.**

Le chapitre 1 se passe...
- **a** ☐ au printemps.
- **b** ☑ en été.
- **c** ☐ en automne.

1 Georges Duroy est...
- **a** ☐ un militaire.
- **b** ☐ un homme riche.
- **c** ☑ un homme pauvre.

2 Georges Duroy aime...
- **a** ☑ les lieux où il y a des filles.
- **b** ☐ se promener.
- **c** ☐ être seul.

3 Georges Duroy a été soldat...
- **a** ☑ en Algérie.
- **b** ☐ au Maroc.
- **c** ☐ en France.

4 Georges Duroy a rencontré Charles Forestier...
- **a** ☐ à son travail.
- **b** ☐ dans un restaurant.
- **c** ☑ à l'armée.

5 Charles Forestier est...
- **a** ☑ journaliste à *La Vie Française*.
- **b** ☐ journaliste à *La Vie*.
- **c** ☐ journaliste à *La Vie en France*.

6 Charles Forestier propose à Georges Duroy de...
- **a** ☐ passer son bac.
- **b** ☐ l'aider à trouver un nouveau travail.
- **c** ☑ l'employer au journal.

7 Georges Duroy veut aller...
- **a** ☐ à l'Opéra.
- **b** ☑ aux Folies-Bergères.
- **c** ☐ au Parc Monceau.

2 Cochez si les affirmations sont vraies (V) ou fausses (F).

	V	F
Georges Duroy est invité chez les Forestier.	☑	☐
1 Georges Duroy sent qu'une nouvelle vie commence pour lui.	☑	☐
2 Madeleine Forestier est une femme brune.	☐	☑
3 Clotilde de Marelle est la sœur de Madeleine.	☐	☑
4 Clotilde de Marelle a un fils.	☑	☐
5 M. Walter est le patron du journal *La Vie Française*.	☑	☐
6 Georges Duroy est à l'aise à table.	☐	☑
7 Georges Duroy doit écrire un article sur l'Algérie.	☑	☐
8 Georges Duroy est à l'aise avec les femmes.	☑	☐
9 Forestier ne veut pas voir Duroy le lendemain.	☐	☑

3 *Bel-Ami* est un roman réaliste. Notez tous les lieux qui sont cités et qui inscrivent le roman dans la réalité.

Vocabulaire

4 Les caractéristiques physiques. Complétez les phrases en vous aidant des mots donnés et des portraits des pages 6-7.

> gris • bel • mince • foncés • maigre • grossi • blonde • belle mince • petit • grand • moustache • ventre • gros

Georges Duroy est un (0) ....*bel*......... homme. Il est (1) ...., (2) .... et porte une (3) ...*moustache*.......... Quand il a connu Charles Forestier, celui-ci était un homme (4) .... Aujourd'hui, il a (5) .... et a un (6) .... rond. Sa femme, Madeleine, est une (7) .... dame : elle est (8) .... et (9) .... Clotilde de Marelle est une femme séduisante aux cheveux (10) .... M. Walter, le patron, est (11) .... et (12) .... Sa femme Virginie a les cheveux (13) ....

Orthographe

5 **Soulignez la forme correcte.**

C'est le moi / <u>mois</u> de juin.

1 Il préfère / préfére boire un vers / verre de bière / bierre.
2 La vie de soldat / solda était plus / plu facile / fassile.
3 Georges Duroy a rencontré Forestier à l'armé / armée.
4 Forestier tousse / touce tout / tous le temps.
5 Duroy crève de fin / faim.
6 Jacques Rival est un chroniqueur / croniqueur.

Grammaire

6 **Transformez le début du chapitre à l'imparfait.**

Paris, mois de juin. Il *(fait)* ......*faisait*......... chaud. Georges Duroy *(sort)* .... (1) d'un restaurant des Grands Boulevards. Les femmes se *(retournent)* .... (2) sur sa beauté. Mais, en poche, il ne lui *(reste)* .... (3) que trois francs quarante. Cela *(représente)* .... (4) deux dîners sans déjeuners ou deux déjeuners sans dîners, au choix. Les repas du matin étant moins chers que ceux du soir, il *(choisit)* .... (5) cette option. Il lui *(reste)* .... (6) ainsi un peu de monnaies pour se payer deux collations au pain et au saucisson ainsi que deux verres de bière, ce qui lui *(fait)* .... (7) très plaisir. Il ne *(sait)* .... (8) pas trop où aller ce soir. Il *(aime)* .... (9) les lieux pleins de filles publiques, leurs bals, leurs cafés, leurs rues. Il se *(dirige)* .... (10) vers la Madeleine et *(regarde)* .... (11) les gens assis aux terrasses qui *(boivent)* .... (12) des verres. Qu'il *(a)* .... (13) soif ! Il *(envie)* .... (14) tous ces hommes. Il se *(souvient)* .... (15) de sa vie de soldat en Algérie.

Production écrite

7 Une expression française dit « L'habit ne fait pas le moine. » Or, que dénonce Maupassant dès ce premier chapitre. Qu'explique Forestier à son ami Duroy ?

Grammaire

8 Imaginez la suite en répondant aux questions posées par « oui » ou par « non » au futur.

Georges Duroy gagne beaucoup d'argent.
Oui, il gagnera beaucoup d'argent.
Non, il ne gagnera pas beaucoup d'argent.

1 Georges Duroy est capable d'écrire un article.
....
....

2 Georges Duroy a besoin d'aide.
....
....

3 Georges Duroy retourne chez les Forestier.
....
....

4 Georges Duroy souhaite revoir Mme de Marelle.
....
....

5 Georges Duroy va à son rendez-vous au journal.
....
....

6 Georges Duroy devient journaliste.
....
....

Chapitre 2

Premiers pas dans le « Monde »

▶ 3 Georges Duroy est heureux : il a envie de courir, de rêver, de penser à l'avenir qui s'ouvre à lui. Cependant, la série d'articles que lui demande Walter le pousse à rentrer chez lui. Il habite sur le boulevard Boursault, dans un petit immeuble de six étages, peuplé par des ouvriers et des petits bourgeois. Ce soir-là, il le trouve sale et n'a plus qu'une seule envie : fuir d'ici et se loger comme un homme riche. Arrivé dans sa chambre, il s'installe à sa fenêtre : elle donne sur la gare des Batignolles. Il veut commencer à écrire, mais se rend compte qu'il n'a qu'un cahier de papier à lettres. Tant pis, il écrit : « Souvenirs d'un Chasseur d'Afrique ».

Mais, la suite ne vient pas : ses yeux restent fixés sur la feuille blanche. Il voudrait commencer par le début, son arrivée en Algérie, mais les phrases sonnent mal. Puis, il décide de décrire Alger, en vain. Il fait alors le tour de sa chambre : ses vêtements de tous les jours, usés, sont jetés sur le lit, les murs sont recouverts de papier à fleurs et pleins de tâches. Cette odeur de misère lui redonne de la force pour se remettre au travail et en finir avec cette vie. Il cherche ses mots, mais, il se sent épuisé et incapable : c'est fini, il n'y arrivera pas ce soir.

Il se met à penser à ses parents : ils vivent en Normandie, près

de Rouen. Son père et sa mère tiennent une guinguette* : *À la Belle-Vue*. Ils ont voulu que leur fils devienne un monsieur : il a donc été au collège, mais après avoir raté le baccalauréat, il est parti pour le service avec l'intention de devenir officier, colonel, général. L'état militaire ne lui a pas plu et il a tout quitté pour tenter de faire fortune à Paris. Durant son service, il a su se montrer malin et ses camarades disaient de lui : « C'est un débrouillard*, il saura se tirer d'affaire*. » Et en effet, ce qui primait* chez lui, c'était son désir d'arriver.

Le lendemain matin, il se réveille de bonne heure et se met aussitôt à son bureau. Rien ne vient encore, mais il ne veut pas se décourager : « C'est que je n'ai pas l'habitude. C'est un métier à apprendre. Je vais demander à Forestier de m'aider. »

Il se rend chez les Forestier, mais il croise son ami sortant de la maison qui lui demande :

— Te voilà ? Si tôt ? Que voulais-tu ?

— C'est que… Je n'arrive pas à écrire l'article que m'a demandé Walter. Ce n'est pas étonnant, étant donné que je n'ai jamais écrit… Il faut de la pratique. J'ai des idées, mais je ne parviens pas à les exprimer. Donc, je voulais te demander un coup de main*. Tu pourrais me donner une leçon de style…

— Ce matin, je n'ai pas le temps. Tu trouveras ma femme : elle pourra t'aider aussi bien que moi, je lui ai appris.

— Mais, il est tôt, je ne peux pas me présenter devant elle.

— Oui, elle est levée. Tu la trouveras dans mon cabinet de travail. Vas-y ! Tu ne vas pas me forcer à remonter pour lui expliquer la situation ?

— Merci ! Je lui dirai que tu m'as forcé.

---

la guinguette café populaire où l'on consomme et l'on danse, les jours de fête
un débrouillard quelqu'un d'habile, qui sait se débrouiller

se tirer d'affaire échapper à un danger
primer compter le plus
un coup de main de l'aide

— Ne t'inquiète pas ! Et, n'oublie pas de venir à trois heures au journal !

Mme Forestier l'accueille :

— Alors, parlez. Que voulez-vous ? demande-t-elle.

Duroy hésite :

— Voilà… vraiment… J'ai travaillé tard hier soir… pour cet article… Mais, je n'ai pas l'habitude… Je venais demander de l'aide à Forestier.

— Et, il vous a dit de venir me trouver… C'est gentil, ça.

— Oui, Madame. Moi, je n'osais pas…

— Oh, ça va être charmant de collaborer. Je suis ravie. Asseyez-vous à ma place, nous allons écrire un bel article. Que voulez-vous raconter ?

— Mais, je ne sais pas… Je voulais raconter mon voyage depuis le commencement.

— Alors, racontez-le à moi et je choisirai que garder.

Elle lui pose des questions et il répond. Puis, elle l'interrompt :

— Supposons que vous adressez vos impressions à un ami.

Mme Forestier dicte alors tout un récit. Cette idée lui plaît beaucoup. Elle conclut l'article par la formule « La suite à demain ».

— Maintenant, signez !

Après une hésitation, Duroy appose sa signature sur son premier feuillet. Il ne parle plus. C'est elle qui rompt le silence :

— Que pensez-vous de mon amie Mme de Marelle ?

— Je la trouve… très séduisante.

— N'est-ce pas ? Si vous saviez comme elle est drôle ! C'est une bohème !

C'est pour cela que son mari ne l'aime guère.

— Tiens, elle est mariée ? Que fait son mari ?

— Oh, il est inspecteur de la ligne du Nord. Il n'est à Paris que huit jours par mois. Allez donc la voir un de ces jours.

Duroy aurait voulu rester encore, mais la porte s'ouvre et un homme entre, c'est le comte de Vaudrec.

Duroy quitte l'appartement.

À trois heures, il a rendez-vous à *La Vie Française*. Il retrouve Forestier qui le fait entrer dans le bureau du patron. Duroy lui présente son article, puis Forestier rappelle à M. Walter sa promesse d'embaucher Duroy.

Le lendemain, Duroy est excité de voir son premier article publié. Il se réveille très tôt pour acheter son exemplaire de *La Vie Française*. Quelle joie d'y lire son nom ! Il va ensuite à son ancien travail pour donner sa démission et toucher son salaire.

Plus tard, au journal, Forestier lui demande la suite de ses aventures en Afrique :

— J'avais cru avoir le temps…

— Tu dois être plus précis. Si tu crois que tu vas être payé à ne rien faire, tu te trompes. Je vais dire à Walter que ce sera pour demain. On doit battre le fer quand il est chaud* ! Maintenant, tu vas suivre Saint-Potin et aller avec lui découvrir les secrets du métier. C'est un excellent reporter !

Une fois dans la rue, les deux hommes s'arrêtent pour boire un verre. Saint-Potin fait la critique du patron et de sa femme, de Norbert de Varenne et de Rival. Quand arrive le tour de Forestier, il dit :

— Celui-là, il a de la chance d'avoir la femme qu'il a, c'est tout.

---

battre le fer quand il est chaud agir au bon moment

— Ah ? Qu'est-ce qu'elle a sa femme ? demande Duroy intéressé.

— Oh ! C'est la maîtresse d'un vieux nommé Vaudrec. Il l'a dotée*
et mariée.

Apprenant cela, Duroy se sent mal et interrompt le bavard* :

— Il me semble que nous avons des choses à faire.

Duroy doit écrire son article. Devant sa feuille blanche et sans idée, il
décide de retrouver Mme Forestier.

Le lendemain matin, il ne s'attend pas à trouver M. Forestier dans
le cabinet de travail. Madeleine aussi est là. Duroy expose le motif de
sa venue et Forestier se met en colère :

— Tu te fiches* du monde ! Tu t'imagines que je vais faire ton
travail et que tu vas passer à la caisse* à la fin du mois ? Elle est bonne,
celle-là !

— Je vous demande pardon mille fois. Merci encore Madame,
pour votre aide hier. Je serai au bureau à trois heures.

Il rentre chez lui et se met à écrire la suite de son aventure. Son
style est mauvais et d'ailleurs, le lendemain matin, sa chronique n'est
pas publiée dans le journal. Duroy est furieux. Au bureau, on lui dit
que le papier est à refaire. Trois fois, il essaie. Mais, il comprend qu'il
a besoin de l'aide de Forestier. En attendant, il fait son métier de
reporter : il va rencontrer les députés, les ministres, les concierges,
les agents de police, les ambassadeurs… tous ceux qui font la vie
politique d'un pays. Duroy devient donc rapidement un remarquable
reporter, une vraie valeur pour le journal. Mais, comme il dépense
tout son argent dans les cafés et les restaurants, il est toujours pauvre. ■

---

doter donner des biens lorsqu'une fille se marie   **se ficher** se moquer.
un bavard personne qui parle beaucoup   **passer à la caisse** recevoir un salaire

Compréhension

1 **Cochez si les affirmations sont vraies (V) ou fausses (F).**

		V	F
	Georges Duroy doit écrire son premier article.	☑	☐
1	Georges Duroy habite dans un immeuble bourgeois.	☑	☐
2	Son article s'intitule « Souvenirs d'Afrique. »	☐	☑
3	Georges Duroy a des facilités pour écrire.	☐	☑
4	Les parents de Georges Duroy vivent en Normandie.	☑	☐
5	La famille Duroy est riche.	☐	☑
6	Georges Duroy demande de l'aide à Madeleine Forestier.	☐	☑

2 **Répondez aux questions.**

Pourquoi Georges Duroy est-il excité ?
Son premier article va être publié.
....

1 Est-ce que Duroy retourne à son ancien travail ? Pourquoi ?
....

2 Est-ce que Duroy a écrit la suite de sa série d'articles ?
....

3 Comment réagit Forestier ?
....

4 Que dit Saint-Potin sur Forestier ?
....

5 Que tente Duroy pour écrire la suite de son article ?
....

6 Comment est-il accueilli ?
....

7 Que décide Duroy ?
....

8 Quelle est la situation financière de Duroy ?
il était encore pauvre

Vocabulaire

3 **L'habitat. Complétez le texte avec les mots donnés.**

> étages • fenêtre • immeuble • chambre • ancien • escalier
> table • pièce • petit • murs • lit • chaise • ascenseur • loue
> vivre • cuisine • appartement • confortable

Duroy vit dans un petit (0) ....*immeuble*.... de six (1) ..*étages*..........
sans (2) .... C'est un immeuble (3) .... pas très
(4) .... Il y a un (5) ..*escalier*........ pour monter les étages.
L'(6) .... de Duroy est très (7) .... : il n'a
qu'une (8) .... et une (9) .... qui donne sur la
gare des Batignolles. Les (10) .... de sa (11) ....
sont recouverts de papier peint. Il a un (12) .... , une
(13) .... et une (14) .... Il (15) .... ce
lieu depuis qu'il est arrivé à Paris. Mais, il souhaite (16) ....
ailleurs. Il n'a pas de véritable (17) .... pour se faire
à manger, c'est pourquoi il dépense tout son argent dans les
restaurants et les cafés.

Orthographe

4 **Soulignez la forme correcte.**

Duroy cherche ses maux / <u>mots</u> pour commencer son article.
1. Duroy a été au collège / colège.
2. Duroy n'a pas réussi son bacalauréat / baccalauréat.
3. Duroy n'a pas l'habitude / l'abitude d'écrire.
4. C'est étonant / étonnant de réussir la première fois.
5. Duroy demande un cou / coup de main à Forestier.
6. Duroy pose / appose sa signature à la fin / faim de l'article.
7. Duroy donne sa démission / démition à son ancien travail.
8. Saint-Potin est un bon reporteur / reporter.

Grammaire

5 **Transformez ces phrases au passé-composé.**

Je crois avoir le temps.
J'ai cru avoir le temps.

1 J'arrive à finir mon article.

2 Il se rend chez les Forestier.

3 Nous croisons nos voisins dans la rue.

4 Tu ne parviens pas à t'exprimer.

5 Vous trouvez le temps pour l'aider.

6 Je vais au journal.

6 **Transformez ces phrases au plus-que-parfait.**

Je crois avoir le temps.
J'avais cru avoir le temps.

1 Je peux te demander de l'aide.

2 Il parle lentement.

3 Nous nous retrouvons au café.

4 Il se réveille tôt.

5 Vous arrivez au rendez-vous à l'heure.

6 Elle se marie.

DELF - Production écrite

7 **Observez l'illustration de la page 23 et décrivez-la.**

8 Duroy a décrit sa vie en Algérie dans son premier article. **Tout comme lui, imaginez que vous êtes journaliste : vous écrivez un court article pour présenter votre région.**

ACTIVITÉ DE PRÉ-LECTURE

Production orale

9 Lisez le texte et imaginez comment va se comporter Duroy maintenant qu'il a mis un pied dans la haute société. Comment vont se dérouler ses journées ?

À partir de la Restauration et durant tout le XIXe siècle, les boulevards des Italiens, des Capucines et de la Madeleine sont les plus animés de la capitale. C'est le lieu de promenade favori de tous les parisiens.

Le Café Riche, fondé en 1785, à l'angle du boulevard des Italiens et de la rue Le Peletier, et situé à deux pas de l'Opéra et du Café Hardy (devenu Maison dorée en 1843), était l'une des plus anciennes brasseries du quartier. Fréquenté par de nombreux hommes de lettres, il est souvent cité par les romanciers comme Honoré de Balzac, Émile Zola, Guy de Maupassant ou Georges Courteline. L'établissement ferme en 1916.

« Avant que les Grands Cercles de Paris n'eussent pris les développements que nous voyons aujourd'hui, le café Tortoni et le Café de Paris, se complétant l'un par l'autre, étaient le rendez-vous de la haute société, particulièrement de 1830 à 1848. Quiconque voulait être qualifié comme étant du monde ne manquait pas de passer chaque jour à 5 heures devant Tortoni où s'échangeaient les nouvelles du jour, les paris de courses, les paris excentriques, les récits de mystifications amusantes alors très en vogue. On s'entassait sur le perron de Tortoni ; puis l'on se répandait sur le boulevard, sans jamais dépasser la partie comprise entre la rue du Helder et la rue Le Peletier, pour se retrouver le soir à l'Opéra. Le boulevard des Italiens, appelé autrefois le boulevard de Gahd, était donc le centre du mouvement et des plaisirs élégants. »

Étude et récits sur Alfred de Musset
par la vicomtesse de Janzé, 1891

Chapitre 3

Naissance de Bel-Ami

4 Deux mois plus tard, la fortune sur laquelle comptait Duroy met du temps à venir. Il se sent humilié parce que les portes du monde lui restent fermées. Il voudrait rencontrer des femmes et connaître leur intimité. Il sait pourtant que les femmes le trouvent sympathique. Il aimerait retourner chez Mme Forestier, mais il n'ose pas après sa dernière visite humiliante. Il se rappelle que Mme de Marelle l'a invité. Il se présente alors un après-midi chez elle, rue de Verneuil. Mme de Marelle l'accueille avec un grand sourire, apparemment contente de le voir :

— C'est gentil de venir me voir. Je croyais que vous m'aviez oubliée. Comme vous avez changé ! Paris vous fait du bien !

Ils bavardent comme de vieux amis, sentant naître en eux un sentiment de familiarité, d'intimité et d'affection. Elle dit :

— C'est drôle comme je suis avec vous. Il me semble que je vous connais depuis dix ans. Nous deviendrons de bons amis, voulez-vous ?

— Certainement.

Duroy trouve cette jeune femme tout à fait à son goût★.

Tout à coup, on frappe tout doucement à la porte :

— Tu peux entrer, ma chérie.

Laurine apparaît. Elle se précipite pour saluer Duroy.

être à son goût lui plaire

— Vous l'avez vraiment conquise l'autre soir, dit Clotilde.

Duroy discute alors avec l'enfant.

À trois heures, le journaliste s'en va :

— Revenez souvent, dit Mme de Marelle. Vous me ferez toujours plaisir.

Duroy est plein d'espoir. *hope*

Les jours suivants, il ne pense qu'à elle, il est obsédé par son image. Alors, quelques jours plus tard, il retourne rue de Verneuil. C'est Laurine qui l'accueille :

— Maman m'a demandé de rester avec vous pendant qu'elle se prépare.

— Très bien, jeune fille. Nous allons donc jouer !

Laurine rie de tout son cœur et quand Mme de Marelle voit sa fille ainsi, elle reste stupéfaite : *wizard*

— Laurine qui joue ! Vous êtes un ensorceleur*, Monsieur.

Puis, la mère ordonne à l'enfant de retourner dans sa chambre afin de rester seule avec Duroy :

— Je voulais vous inviter avec les Forestier samedi soir au restaurant, au Café Riche. Vous voulez bien ?

Évidemment, il accepte avec bonheur.

Au restaurant, Mme de Marelle veut faire la fête et commande du champagne. Les amis discutent de tout : politique, cancans*, amour… À la fin du repas, Duroy propose à Mme de Marelle de la raccompagner chez elle. Installés dans un fiacre*, il l'embrasse. Le lendemain, il va chez elle et lui dit son amour, mais Laurine accourt en criant :

un ensorceleur quelqu'un qui séduit
cancan bavardage malveillant
le fiacre ancienne voiture

— Bel-Ami !

— Tiens, Laurine vous a baptisé ! C'est un bon petit nom d'amitié pour vous ça. Moi aussi, je vous appellerai Bel-Ami, annonce Clotilde.

Mme de Marelle et Duroy deviennent tout de suite amants. Au bout de quelques semaines, la jeune femme trouve un appartement pour leur amour. Désormais, ils se retrouvent au 127 rue de Constantinople, dans un petit deux pièces, situé au rez-de-chaussée.

Mme de Marelle aime sortir le soir dans Paris, dans les lieux populaires. Mais Duroy n'a plus d'argent et a déjà de nombreuses dettes*. Un soir, Clotilde souhaite sortir et devant le refus de son amant, elle se met en colère. Duroy finit par lui avouer la misère dans laquelle il vit :

— Je n'ai rien, pas même dix sous… pas de quoi payer un café… Tu me forces à confesser des choses honteuses*.

— Oh, mon pauvre chéri ! Si j'avais su… Comment cela t'est-il arrivé ?

Duroy lui raconte un mensonge. Clotilde est émue* et propose de lui prêter de l'argent. Il refuse, mais la jeune femme lui glisse des pièces dans ses poches à chacune de ses visites.

Un soir, aux Folies-Bergères, la soirée tourne mal quand Duroy rencontre Rachel. Mme de Marelle se met dans tous ses états :

— Misérable que tu es ! C'est avec mon argent que tu la paies !

Lui, ne sait pas trop comment se défendre :

— Je l'ai connue autrefois…

Mais, le mal est fait. Maintenant, Duroy est endetté et seul. Forestier le traite mal au bureau, aussi le jeune homme décide de se venger et de le faire cocu*.

Aussitôt, il se rend chez Mme Forestier qui l'accueille :

---

la dette somme d'argent que l'on doit
honteux humiliant

être ému ressentir de l'émotion
cocu trompé

— Bonjour Bel-Ami. J'ai vu Mme de Marelle qui m'a dit comment elle vous appelle…Vous la gâtez*, mais moi, vous ne pensez jamais à venir me voir…

— Il valait mieux que je ne vienne pas.

— Comment ça ? Pourquoi ?

— Vous ne devinez pas ? C'est que… je suis amoureux de vous.

Madeleine ne paraît pas étonnée :

— Oh, vous pouvez venir tout de même. On n'est jamais amoureux de moi très longtemps.

— Pourquoi ?

— Parce que c'est inutile. Pour moi, un homme amoureux devient idiot et dangereux. Les gens qui m'aiment m'ennuient. Je ne serai jamais votre maîtresse, comprenez-vous. Nous pouvons être amis, si vous le voulez.

— Comme il vous plaira, Madame.

Il a trouvé une alliée*. Elle lui donne un conseil :

— Allez voir Mme Walter. Elle vous apprécie. Vous trouverez auprès d'elle mieux qu'une histoire… Je connais votre position au journal… Faites-vous bien voir.

En quittant sa nouvelle amie, ce jour-là, il lui dit :

— Si vous devenez veuve*, je m'inscris pour vous épouser…

Duroy réussit à se faire inviter chez Mme Walter, le samedi suivant. Les Walter habitent boulevard Malesherbes, dans un hôtel particulier. Virginie Walter est une femme modérée, sage, discrète et bonne. Pendant la soirée, les invités commentent l'actualité : Duroy parle peu, mais lance quelques répliques très justes.

La semaine suivante, il est nommé chef des Échos*. Les Échos

---

gâter entourer d'affection
un allié quelqu'un qui donne son soutien
devenir veuf perdre son conjoint

les Échos rubrique, située en première page, contenant des informations politiques, littéraires, sportives ou mondaines récentes de peu d'importance mais très lues car elles concernaient souvent des gens célèbres

sont la moelle* du journal, c'est par eux que l'on lance les nouvelles. L'homme qui les dirige doit toujours être en éveil et rusé. Duroy correspond à ce profil d'homme chic qui navigue à l'aise dans le monde politique. En effet, les véritables rédacteurs de *La Vie Française* sont des députés intéressés par toutes les opérations financières du marché. À la Chambre, on les appelle « la bande à Walter ». Duroy est heureux de sa nouvelle condition.

Un soir, chez les Walter, il rencontre M. Laroche-Mathieu et M. Firmin, députés rédacteurs anonymes à *La Vie Française,* très influents à la Chambre. Duroy découvre que Madeleine est intime avec ces hommes politiques et constate que Charles a beaucoup maigri et tousse sans cesse*. Georges fait aussi la connaissance des deux filles de M. Walter : elles ont seize et dix-huit ans et sont respectivement une laide* et l'autre jolie. Pendant que M. Walter montre à Duroy sa collection de peinture, Mme de Marelle arrive. Elle salue avec bienveillance Bel-Ami. Ce soir-là, Duroy comprend que leur amour recommence. Les amants se donnent rendez-vous.

Georges est content de retrouver sa maîtresse, Clotilde, qui l'invite chez elle avec son mari et les Forestier. Sur le moment, Bel-Ami n'est pas content de rencontrer le mari de sa maîtresse, puis la situation l'amuse. Par contre, la vision de Charles lui fait peur : il est très malade et doit partir pour Cannes dès le lendemain. Mme de Marelle dit :

— La situation est critique, mais Madeleine se remariera bien vite.

Duroy est troublé par cette phrase. Le lendemain, il va donc saluer le couple qui quitte Paris et son sale temps. Il dit à Mme Forestier :

— N'oubliez pas notre pacte. Nous sommes amis. Si vous avez besoin de moi, n'hésitez pas, je viendrai. ▣

---

la moelle l'essentiel, la partie la plus importante
sans cesse constamment
laid pas beau

DELF - Compréhension

1 **Choisissez la bonne solution.**

La fortune sur laquelle compte Duroy...
- **a** ☐ arrive tout de suite.
- **b** ☐ n'arrivera jamais.
- **c** ☑ met du temps à venir.

1 Duroy voudrait rencontrer...
- **a** ☐ des hommes politiques.
- **b** ☑ des femmes.
- **c** ☐ des hommes.

2 Au début du chapitre, Duroy se rend chez...
- **a** ☐ Mme de Marelle.
- **b** ☑ Mme Forestier.
- **c** ☐ Mme Walter.

3 Duroy trouve Clotilde...
- **a** ☐ vulgaire.
- **b** ☐ intelligente.
- **c** ☑ à son goût.

4 Laurine et Duroy...
- **a** ☐ ne s'aiment pas.
- **b** ☑ jouent ensemble.
- **c** ☐ se disputent.

5 Clotilde...
- **a** ☐ aime faire la fête.
- **b** ☐ aime le journalisme.
- **c** ☑ aime inviter des gens chez elle.

6 Clotilde et Duroy deviennent...
- **a** ☐ ennemis.
- **b** ☐ amis.
- **c** ☑ amants.

2 **Répondez aux questions.**

Qui trouve le surnom de Bel-Ami ?
Laurine ....

1 Où se retrouvent Duroy et Clotilde ?
....

2 Qu'aime faire Clotilde ?
....

3 Pourquoi Bel-Ami refuse de sortir avec Clotilde ?
....

4 Comment Duroy est-il considéré au début au journal ?
....

5 Qu'annonce Duroy à Madeleine Forestier ?
....

6 Comment est décrite Mme Walter ?
....

7 Ensuite, quelle position prend Duroy au journal ?
....

8 Comment va Charles Forestier ?
....

Vocabulaire

3 **Les relations : la famille, les amis. Complétez ces phrases avec les mots donnés.**

> filles • mariés • famille • parents • mourir • père • amoureux
> mère • épouse • marié • ami • veuve • mari • couple • époux
> enfant • amitié • épouser

Duroy a des (0) .....*parents*.... en Normandie : son (1) ...*père*.........
et sa (2) ...*mère*......... . Charles Forestier est (3) .... à
Madeleine. Mais, Duroy annonce à l'(4) .... de son
(5) .... qu'il est (6) .... d'elle. L'(7) ....
va (8) .... et si Madeleine devient (9) ...., Duroy
souhaite l'(10) ....
Clotilde vit en (11) ...., mais son (12) .... est
souvent absent. Elle a une (13) ...., Laurine. Duroy a une
relation d'(14) .... avec cette (15) ....
Les Walter sont (16) .... et ont deux (17) ....

Orthographe

4 **Complétez ces phrases avec *par* et *part*.**

Duroy est obsédé ....*par*........ l'image de Clotilde.

1 Duroy n'a pas sa .... au journal.

2 Duroy .... à la conquête de Madeleine.

3 Il a reçu un faire-..................... de mariage.

4 L'enfant connaît la comptine .... cœur.

5 Maintenant, Duroy est journaliste à .... entière.

6 .... ailleurs, il est invité chez les députés.

Grammaire

5 **Formez des phrases à l'impératif.**

Ne pas oublier notre pacte (vous)
N'oubliez pas notre pacte !

1 Venir demain soir rue de Constantinople (tu)

2 Partir dans le Sud au plus vite (vous)

3 Courir à sa rencontre quand tu le verras (tu)

4 Jouer avec lui l'après-midi (tu)

5 Voir s'il est capable de tenir une promesse (nous)

6 Inviter nos amis samedi (nous)

7 Rentrer tôt ce soir (tu)

8 Embrasser vos enfants souvent (vous)

9 Profiter de la vie parisienne (tu)

10 Faire plaisir à vos amis (vous)

6 Complétez ce texte avec les connecteurs de temps de l'encadré.

> au fur et à mesure • à la fin • toujours • jamais • ~~plus tard~~
> longtemps • au début • chaque fois • après
> les jours suivants • un soir • le lendemain

Deux mois (0) ..._plus tard_...., Duroy n'est toujours pas riche.
(1) ...., il s'impatiente. (2) .... avoir été
humilié chez les Forestier, il retrouve Clotilde. (3) ....,
il ne pense qu'à elle. (4) ...., il l'apprécie de plus
en plus. (5) ...., elle veut sortir, mais Duroy n'a
(6) .... d'argent. (7) ...., elle lui en prête
(8) .... (9) ...., aux Folies-Bergères,
la soirée tourne mal. (10) ...., Duroy retourne chez
Madeleine. Il ne veut pas rester seul (11) ....

Production écrite

7 Quelle conception de l'amour a Duroy ? Tombe-t-il vraiment amoureux ? Comment traite-t-il les femmes ? Les femmes se succèdent, à quoi lui servent-elles ?

ACTIVITÉ DE PRÉ-LECTURE

Pronostic

8 Selon vous, que va devenir Charles Forestier à Cannes ? Et sa femme Madeleine ? Pensez-vous qu'elle va accepter la proposition de Bel-Ami ?

Chapitre 4

Duels

▶ 5 Charles Forestier n'est plus à Paris et Georges Duroy gagne de
l'importance au journal. Il devient enfin un rédacteur politique adroit
et perspicace qui compte. Seule une ombre le trouble : un petit journal
appelé *La Plume* l'attaque presque tous les jours personnellement,
faisant toutes sortes d'insinuations*. Un matin, le journal se moque
même directement de Duroy expliquant que le rédacteur de *La Vie
Française* n'écrit ses articles qu'au profit de Walter et n'annonce donc
presque jamais des faits réels. On l'accuse d'être vénal, ce qui l'irrite
profondément. Pour se sortir de cette situation, Walter lui conseille
de faire un démenti*. Ce que Duroy fait. Cependant, le lendemain,
de nouveau, le journaliste l'accuse et insulte son talent de reporter.
Walter dit à son employé :

— Vous ne pouvez plus reculer. Un duel s'impose. Allez voir Rival,
il vous donnera la marche à suivre.

Plus tard, Rival lui explique qu'il faut des témoins et tirer au
pistolet. Duroy ne sait pas et doit s'entraîner. Son ami l'installe dans
sa cave où le jeune homme, anéanti, obéit et tire sans comprendre.
Jacques Rival, satisfait de son élève, le laisse pour s'occuper de
l'organisation du duel. Resté seul, Duroy pense que vraiment cette
situation est stupide et qu'une bataille ne prouve rien : « Que gagne

l'insinuation manière indirecte de communiquer sa pensée   **le démenti** déclaration démentant des informations antérieures

un honnête homme insulté à risquer sa vie contre une crapule* ? Les hommes sont médiocres » pense-t-il.

Il a rendez-vous le lendemain matin au bois du Vésinet où la rencontre a lieu. Duroy est complètement étourdi : tout s'est fait rapidement sans qu'il donne son avis. Il a peur, peur de mourir. Il fait un froid de Sibérie ce matin-là. Même les arbres sont glacés et le sol est gelé. L'air est sec et le ciel bleu. Chaque duelliste tire au sort son pistolet. Mais, Duroy est indifférent à tout : il lui semble être dans un rêve, tout est surnaturel. Il se répète les mots que Rival lui a dit :

— Quand on commandera feu, j'élèverai le bras.

L'homme en face de lui est Louis Langremont : un homme petit, ventru, chauve qui porte des lunettes. C'est son adversaire.

Tout à coup, il entend « Feu ! ».

Il ne se rend compte de rien. Il voit de la fumée sortir du canon* de son pistolet et aperçoit son rival debout en face de lui. Ils sont tous les deux intacts. Jacques Rival dit :

— Ah, ce pistolet ! C'est toujours comme ça ! Soit on se rate*, soit on se tue !

C'est fini ! Quel bonheur pour Duroy. On écrit le procès-verbal*. Walter félicite son employé :

— Bravo ! Bravo ! Vous avez défendu le drapeau de *La Vie Française*.

Le journaliste fait ensuite le tour des cafés des Grands Boulevards, tout comme son adversaire. Cependant, les deux hommes ne se saluent pas.

Le lendemain, Clotilde de Marelle lui écrit :

Comme j'ai eu peur ! Viens rue de Constantinople que je t'embrasse, CLO.

---

une crapule personne qui a un comportement abject
le canon pièce d'artillerie envoyant des projectiles à forte distance

se rater se manquer
le procès-verbal compte-rendu

Ce jour-là, Duroy décide d'emménager complètement dans leur petit appartement. Il doit promettre à Clotilde qu'il n'y emmènera jamais d'autres femmes.

Une routine se met en place : la jeune femme passe deux ou trois matins par semaine rue de Constantinople, tandis que tous les jeudis soir, Bel-Ami est invité chez M. et Mme de Marelle. Les deux hommes s'apprécient et discutent pendant des heures.

Un matin, Duroy reçoit une lettre de Cannes. Madeleine Forestier le prie au nom de leur amitié de l'assister dans les derniers moments de vie de son mari :

Charles va mourir. Il ne passera pas la semaine. Je n'ai plus la force, ni le courage de voir cette agonie*. Mon mari n'a plus de famille. Vous étiez son camarade. Je vous en supplie, venez !

Bien entendu, Duroy prend le premier train pour le Sud. La maison se trouve sur la route entre le Cannet et le golfe Juan. La maison est de style italien, avec vue sur la mer. Duroy pense :

— Que c'est chic ! Comment ont-ils tant d'argent ?

Madeleine a maigri, mais est toujours aussi belle. Elle lui propose de dormir dans la villa, car Charles pourrait mourir à tout moment et que la jeune femme ne veut pas rester seule.

Duroy découvre un Forestier enroulé dans des couvertures, presque un cadavre. Il ne sait pas comment le rassurer. La mort le met mal à l'aise. Il voudrait fuir, rentrer à Paris, mais il ne peut pas, pour Madeleine.

Deux jours plus tard, c'est la fin. On fait venir un prêtre. Pendant

---

l'agonie fin de vie

la veillée, Duroy pense beaucoup à la vie, à la mort, à la cruauté de tout cela. Puis, regardant Madeleine, il se dit que la seule chose bonne de la vie est l'amour. Que va devenir cette belle, intelligente et jeune femme ? Qui va-t-elle épouser ? Un député comme le pense Mme de Marelle ? A-t-elle des projets ? Alors, il se dit qu'il peut tenter sa chance : comme il serait fort avec elle ! Il pourrait aller loin. Il sait qu'elle a pour lui plus que de la sympathie. Elle le sait intelligent, résolu, tenace ; elle peut avoir confiance en lui. D'ailleurs, c'est lui qu'elle a appelé dans cette circonstance difficile. Il voit là un aveu⋆. Il doit donc agir avec délicatesse avant de rentrer à Paris. Il dit donc :

— C'est si triste pour une jeune femme de se retrouver seule comme vous allez l'être. Vous vous souvenez de notre pacte ? Vous savez que vous pouvez disposer de moi comme vous voudrez. Je vous appartiens. Ne vous indignez pas de ce que je vais vous dire car, quand vous rentrerez à Paris, il sera peut-être trop tard. Je suis un homme sans fortune, vous le savez. Ma position est à faire, mais j'ai de la volonté et je suis en bonne route. Je vous ai dit un jour que mon rêve aurait été d'épouser une femme comme vous. Je vous répète donc aujourd'hui ce désir. Ne me répondez pas. Ce n'est pas une demande, ce ne serait ni le moment, ni le lieu. Mais, je tiens à vous dire que vous pourriez me rendre heureux. Ne me répondez pas maintenant. Quand nous nous reverrons à Paris, vous me direz ce que vous aurez choisi.

Duroy a parlé sans s'arrêter et elle est restée immobile.

Le lendemain, on met le cadavre dans un cercueil⋆. Madeleine s'adresse alors à Georges :

— Je ne vous donnerai pas de réponse tout de suite. Nous attendrons de mieux nous connaître. Mais réfléchissez bien. Vous devez savoir qui

---

l'aveu confession   **le cercueil** boîte en bois dans laquelle on place le corps d'un mort

je suis : pour moi, le mariage n'est pas une chaîne, mais une association. J'entends être libre de mes actes, de mes démarches, de mes sorties, toujours. Je ne tolère pas la jalousie et le contrôle. L'homme que j'aurai épousé devra voir en moi une égale, une alliée et non pas une épouse obéissante et soumise. Voilà, vous savez.

Georges Duroy rentre à Paris tout de suite après l'enterrement. Sur le quai de la gare, il se sent triste de quitter Madeleine et lui envoie un baiser auquel elle répond d'un geste discret.

DELF - Compréhension

1 Cochez si les affirmations sont vraies (V) ou fausses (F).

	V	F
Charles a quitté Paris.	☑	☐
1 Georges devient important au journal.	☑	☐
2 *La Plume* est une revue féminine.	☐	☑
3 Un journaliste accuse Duroy d'être vénal.	☑	☐
4 Duroy insulte le journaliste de *La Plume*.	☐	☑
5 Il faut faire un duel.	☑	☐
6 Duroy est habitué aux duels.	☐	☐
7 Duroy n'a pas peur.	☐	☑
8 Duroy ne se rend compte de rien.	☑	☐
9 Duroy tue son adversaire.	☐	☑
10 Le soir, Duroy va dans les cafés des Grands Boulevards.	☐	☑

2 Répondez aux questions.

Comment réagit Clotilde quand elle apprend que Bel-Ami a été à un duel ?
Elle a eu peur et souhaite le voir.

1 Que décide Duroy par rapport à son logement ?

2 Que doit-il promettre à Clotilde ?

3 Est-ce que Duroy connaît M. de Marelle ?

4 Est-ce que les hommes s'apprécient ?

3 Formez des phrases.

0	Duroy reçoit	**a**	va mourir.
1	Madeleine demande à Georges	**b**	donne sur la mer.
2	Charles	**c**	beaucoup maigri.
3	Duroy	**d**	de venir l'assister auprès de Charles.
4	La maison des Forestier dans le Sud	**e**	qu'avec Madeleine il serait plus fort.
5	Madeleine	**f**	prend le train.
6	Charles ressemble	**g**	de l'épouser.
7	Duroy pense	**h**	auquel elle répond.
8	Duroy propose à Madeleine	**i**	le mariage est une association.
9	Madeleine explique que pour elle	**j**	à un cadavre.
10	Duroy envoie à Madeleine un baiser	**k**	une lettre de Cannes.

Vocabulaire

4 La maladie. Complétez le texte avec les mots donnés.

médecin • malade • guérir • meurt • fièvre • santé
grave • soigne • aller mieux • malade • infirmière • visite
patient • bronchite • hôpital • médicaments • calmer
douleur • opéré • ordonnances • tousse

Charles est très (0) .....*malade*..... Il ne réussit pas à (1) ....
à Paris. Il a la (2) .... : il (3) .... et a de la
(4) .... C'est très (5) .... Il part dans le Sud
où le climat est meilleur pour sa (6) .... Il espère
(7) .... Madeleine le (8) .... : elle s'occupe
bien du (9) ...., comme une (10) .... Mais,
il n'y a plus rien à faire. Le (11) .... fait une dernière
(12) .... : il ne peut pas faire entrer son (13) ....
à l'(14) ...., alors il lui fait des (15) .... de
(16) .... pour (17) .... la (18) ....
Charles n'est pas (19) .... et (20) ....

5 **Complétez le texte avec les adjectifs donnés : attention aux accords !**

> gris • honnête • beau • médiocre • anéanti • grand • gelé
> attirant • riche • sec • bleu • inquiet • intact • maigri • sale

Le jeune homme est (0) ....*anéanti*...... à l'idée de faire un duel.
Pourquoi les hommes (1) .... doivent-ils s'affronter ?
Duroy pense que les hommes sont (2) ....
C'est l'hiver et la forêt du Vésinet est (3) .... , l'air
est (4) .... et le ciel (5) .... Finalement,
les deux duellistes sortent (6) .... Madeleine est
(7) .... : son mari est très malade. Le couple quitte
Paris, son ciel (8) .... et son (9) .... temps.
Plus tard, Duroy les rejoint dans le sud de la France. Les Forestier
ont une maison : elle est (10) .... et (11) ....
en face de la mer. Ces gens sont (12) .... , pense Duroy.
Madeleine a (13) .... , mais Bel-Ami la trouve toujours
(14) ....

Orthographe

6 **Complétez les phrases avec *compte, comte, conte, comptent* et *content*.**

Duroy est un journaliste qui ....*compte*...... à *La Vie Française*.

1 Ce .... pour enfant est amusant.

2 Voici le .... de Vaudrec, un ami de la famille.

3 Les hommes riches .... leur argent.

4 Ils nous .... des histoires.

5 Pour Duroy ce qui .... dans la vie, c'est l'amour.

6 Duroy aimerait avoir un titre de ....

Grammaire

7 **Conjuguez au conditionnel les verbes entre parenthèses.**

Face à la mort de Forestier, Duroy *(vouloir)* .....*voudrait*..... fuir.

1 Duroy *(aimer)* .... épouser Madeleine.

2 Je *(souhaiter)* .... la rencontrer.

3 Vous *(vouloir)* .... bien m'aider.

4 Ils *(pouvoir)* .... en parler au lieu de faire un duel.

5 Nous *(finir)* .... tous morts, si les hommes ne discutaient pas.

6 Elle *(être)* .... venue, si elle pouvait.

7 Vous *(avoir)* .... pu parler avec elle.

8 Je *(vouloir)* .... tant l'embrasser.

Production écrite

8 **Observez l'illustration de la page 43. Que se passe-t-il lors de cette scène ? Racontez. Duroy va-t-il devenir un héros ?**

9 **Duroy assiste à la mort de son ami Forestier. Analysez la réaction de Duroy face à cet événement.**

ACTIVITÉ DE PRÉ-LECTURE

Pronostic

10 **C'est la fin de la première partie. Comment pensez-vous que le personnage de Bel-Ami va évoluer ? Va-t-il revoir Madeleine Forestier à Paris ? Quelle décision aura-t-elle pris ? Comment Bel-Ami s'en sortira avec toutes ses femmes ?**

La vie conjugale

▶ 6 Georges Duroy retrouve ses habitudes parisiennes : sa relation avec Clotilde est presque devenue conjugale, très tranquille.

Enfin, après plusieurs mois, Mme Forestier l'avertit qu'elle est de retour à Paris et qu'elle souhaite le voir. Bel-Ami comprend tout de suite que sa réponse est positive, cependant elle lui demande de rester encore discret et de ne rien dire à personne. Duroy devient alors très économe pour ne pas être sans le sou★ au moment de son mariage. Ce n'est qu'à l'automne, que Madeleine l'autorise à annoncer à leurs amis et connaissances qu'ils se marieront au mois de mai, le dix, jour de son anniversaire. Elle souhaite aussi rencontrer ses futurs beaux-parents. Une autre de ses volontés est de porter un nom noble : aussi, elle demande à Georges de s'anoblir★ un peu, simplement en séparant son nom en deux : par exemple, Du Roy. Mais, il refuse :

— C'est trop simple. Non, j'avais pensé plutôt à prendre le nom de mon pays. Canteleu.

— Oh, non. Je n'aime pas cette sonorité. Voyons… comment le modifier… ? Ah, oui… regardez, Mme Duroy de Cantel, c'est parfait ! Vous verrez, les gens accepteront bien vite. Vous signerez vos chroniques D. de Cantel et vos échos simplement Duroy. Nous pourrons encore le modifier.

être sans le sou ne pas avoir d'argent   **s'anoblir** se donner un titre de noblesse inexistant

Georges se sent un homme important. Cependant, il lui faut tout de même annoncer la nouvelle à Clotilde. Quand elle vient chez lui, le lendemain, elle reste sans voix en entendant Bel-Ami parler, et elle finit par prononcer ces mots :

— Je n'ai rien à dire… rien à faire… Tu as raison, tu as choisi ce qu'il te faut.

Le dix mai arrive. Les époux n'invitent personne, ni à la mairie ni après, car ils ne font pas de fête. Ils se marient sous le régime de la séparation de biens : lui porte quatre mille francs et elle quarante mille. Ils partent en Normandie tout de suite après s'être dit « oui ». C'est Madeleine qui a insisté pour rencontrer ses beaux-parents, car elle-même n'a plus de famille. Bel-Ami a essayé de l'en dissuader*, mais elle a gagné. Dans le train, les époux s'émerveillent du paysage et Georges tente d'embrasser sa femme qui le repousse :

— Oh, cesse donc ! Nous ne sommes plus des enfants !

— Mais, je t'adore ma petite Made…

Puis, elle explique qu'ils resteront vivre dans l'appartement de Forestier.

En arrivant à Rouen, Georges est de nouveau inquiet de présenter ses parents à sa femme. Il lui répète ce qu'il a déjà dit :

— Tu sais, ce sont des paysans, des gens de la campagne… Es-tu sûre de vouloir les rencontrer ?

— Tu l'as déjà dit.

— Nous serons mal dans leur maison. Il n'y a pas de vrai lit, seulement des lits de paille.

— Comme ce sera amusant de mal dormir auprès de toi…

---

dissuader empêcher

Ils font un arrêt pour la nuit à Rouen. Ils dorment à l'hôtel et repartent le lendemain matin en fiacre pour rejoindre le village des parents Duroy. Le paysage est superbe. La Seine transporte de nombreux bateaux. Ils arrivent à midi. Les parents de Georges les attendent : le père est petit, trapu, rouge et la mère est une vraie femme des champs qui a travaillé toute sa vie et qui n'a jamais ri. Les deux vieux ne reconnaissent même pas leur fils devenu un monsieur et restent sans voix devant la beauté de leur belle-fille. Mais, la mère aurait préféré une fermière pour son fils et non une femme parfumée.

Georges est ému et heureux de revoir ses parents après toutes ces années d'absence :

— Quand on est à Paris, on n'y pense pas, et puis quand on se retrouve, ça fait plaisir.

Puis, un long déjeuner commence. Le père Duroy parle sans cesse, animé par l'alcool. Quant à Mme Duroy, avec son air triste et sévère, elle regarde méchamment sa belle-fille. Madeleine mange peu et ne dit rien. Elle est déçue, choquée. Que c'était-elle imaginé ? Elle demande à son mari à rentrer dès le lendemain.

De retour à Paris, Georges se glisse dans sa nouvelle vie d'époux. Au journal, il attend de s'emparer* définitivement des fonctions de Forestier et de se consacrer à la politique. Il dîne aussi avec Vaudrec, l'ami intime de sa femme, tous les lundis, comme au temps de Charles Forestier. Puis, Madeleine lui annonce qu'il doit rédiger un article important sur le Maroc : elle a eu les nouvelles par le député Laroche-Mathieu. Le journaliste écoute sa femme, puis il développe son point de vue : il voit plus loin, un plan contre le ministère actuel. Il attaque

---

s'emparer prendre possession

le chef du conseil. Quand l'article signé Georges du Roy de Cantel paraît, la Chambre est secouée. Ça y est, Georges a vraiment sa place à la rédaction politique ! Commence alors une campagne contre le ministère qui dirige les affaires. Du Roy devient célèbre. Madeleine invite des sénateurs, des magistrats, des généraux chez eux. Du Roy, lui, se demande où elle a connu tous ces gens. Laroche-Mathieu vient dîner tous les mardis et espère bien gagner la campagne. Il a des vues sur le portefeuille des Affaires étrangères. Du Roy le soutient avec des espoirs pour plus tard.

En réalité, rien n'a changé chez les Du Roy : les mêmes personnalités viennent et discutent et les mêmes articles du temps de Charles Forestier sortent. Seul le mari est différent. On se met donc à appeler Georges Du Roy « Forestier ». Au début, le journaliste feint* de ne pas entendre, mais il est fou furieux. Surtout, il est blessé dans son orgueil et sa vanité. Chaque fois qu'on l'appelle Forestier, il entend : « C'est ta femme qui fait ta besogne*, comme elle faisait pour l'autre. Tu ne serais rien sans elle. » Maintenant, tout lui rappelle le mort : tout dans sa maison lui a appartenu. Il s'irrite que sa femme ait épousé un homme pareil, un tel sot*. Dès lors, il ne cesse de parler de lui à tout propos avec un mépris* certain. Il remémore ses défauts, ses petitesses*. Il met son épouse mal à l'aise en lui posant des questions intimes sur son défunt mari. Il ose même lui demander un soir si elle l'a fait cocu. Madeleine est choquée par la question. Et Georges continue :

— Ah, oui ! Il avait la tête à être cocu, celui-là ! Allez, Made, dis-moi la vérité ! Il était cocu ?

— Tu es stupide ! Est-ce qu'on répond à des questions pareilles ?

Cette réponse glace le jeune marié. Il est jaloux. Puisqu'il est

feindre simuler
la besogne travail imposé
un sot quelqu'un qui manque d'intelligence

le mépris indifférence
la petitesse bassesse

certain qu'elle a trompé son premier époux, comment peut-il avoir confiance en elle ? Maintenant, il est amer et dégoûté* et se répète : « Le monde est aux forts ! Il faut être au-dessus de tout ! La victoire est aux audacieux. »

---

dégoûté qui éprouve du dégoût, de la répulsion

DELF - Compréhension

1 **Choisissez la bonne solution.**

La relation de Bel-Ami avec Clotilde est...
a ☐ rare et mouvementée.
b ☑ conjugale et tranquille.
c ☐ difficile.

1 Madeleine revient à Paris...
a ☐ après quelques semaines.
b ☑ après plusieurs mois.
c ☐ après un an.

2 Madeleine...
a ☑ accepte le mariage.
b ☐ n'accepte pas le mariage.
c ☐ est indécise face au mariage.

3 Duroy devient très...
a ☐ sûr de lui.
b ☐ dépensier.
c ☑ économe.

4 Georges et Madeleine...
a ☐ font une grande fête à l'église.
b ☐ font une grande fête à la mairie.
c ☑ n'invitent personne.

5 Madeleine souhaite...
a ☑ rencontrer ses beaux-parents.
b ☐ revoir ses parents.
c ☐ avoir un enfant.

6 Georges et Madeleine...
a ☐ déménagent dans Paris.
b ☑ restent dans l'appartement de Forestier.
c ☐ quittent Paris.

7 Le père Duroy est...

a ☑ content de voir son fils.

b ☐ triste.

c ☐ indifférent.

8 La mère Duroy est...

a ☑ triste et sévère.

b ☐ joyeuse et gentille.

c ☐ méchante et triste.

9 Madeleine...

a ☐ apprécie ses beaux-parents.

b ☐ n'apprécie pas ses beaux-parents.

c ☑ veut rester quelques jours de plus.

2 **Répondez aux questions.**

Comment se passe le retour de Duroy à Paris ?
Bien, il prend les fonctions de Forestier au journal et à la maison.

1 Quel article doit écrire Georges ?

....

2 Quel est le but de cet article ?

....

3 Quelle conséquence a cet article sur la carrière de Georges ?

....

4 Quelles vues a Laroche-Mathieu ?

....

5 Comment se passe la vie chez les Du Roy ?

....

6 Comment appelle-t-on Georges ?

....

7 Comment réagit-il ?

....

8 Comment se venge-t-il ?

....

9 Que décide-t-il ?

....

Vocabulaire

3 **La ville et la campagne. Complétez ces phrases avec les mots donnés.**

> fermière • bateaux • village • ville • centre-ville • vert
> quartiers • parcs • ferme • magasins • campagne • fleuve
> champs • paysage • boulevards • forêts

Madeleine vit en (0) ....*ville*.........., dans le (1) .... de
Paris. Elle aime les beaux (2) ...., se promène sur les
(3) .... et dans les (4) .... Elle va dans les
(5) .... Elle n'est pas habituée à la (6) ....
Ses beaux-parents vivent en Normandie, dans un (7) ....
Pour y arriver, le train suit le (8) ...., la Seine. Il y
a beaucoup de (9) .... Le (10) .... est
très beau, (11) .... : il y a des (12) .... et
des (13) .... denses. Les parents Duroy vivent dans
une (14) .... Madeleine est mal à l'aise et d'ailleurs
Mme Duroy aurait préféré une (15) .... pour son fils.

Orthographe

4 **Mettez au féminin les adjectifs entre parenthèses.**

C'est une *(sot)* ....*sotte*......... .

1 C'est une *(ancien)* .... ferme.

2 Madeleine est une jeune *(veuf)* ....

3 Elle est *(amer)* ....

4 Elle se sent *(étranger)* ....

5 Clotilde est *(jaloux)* .... et pas *(heureux)* ....

6 Sa mère n'est pas *(gai)* ....

7 C'est une *(séducteur)* ....

8 Elle est trop *(vieux)* ....

Grammaire

5 **Transformez les phrases suivantes au discours indirect.**

Il dit : « C'est trop simple. »
Il dit que c'est trop simple.

1 Elle dit : « Je veux rencontrer tes parents. »

2 Il explique : « Ce sont des paysans. »

3 Elle pense : « Ce sera amusant de dormir dans une ferme. »

4 Ils disent : « Le paysage est beau. »

5 La mère dit : « J'aurais préféré une fermière pour mon fils. »

6 Duroy dit : « Ton mari était cocu. »

Production écrite

6 **Les nouveaux époux se rendent à la campagne. Quel regard est porté sur le monde rural ? Analysez le portrait des lieux et des parents Duroy.**

7 **Georges change de nom pour Madeleine. Que pense-t-il obtenir ainsi ? En réalité, comment les gens l'appellent-ils ? Qu'est-ce que cela signifie ?**

ACTIVITÉ DE PRÉ-LECTURE

Pronostic

8 **Bel-Ami a déjà fait beaucoup de conquêtes. Qui n'a-t-il pas encore séduit ? Pensez-vous qu'il en soit capable ? Imaginez la suite de sa vie amoureuse.**

Chapitre 6

Conquête difficile

▶ 7 Le lendemain, Du Roy avise un collègue du journal :

— Certain trouve amusant de m'appeler Forestier. Moi, je trouve ça bête. Pourrais-tu informer tous les camarades que je giflerai* le premier qui se permettra de nouveau cette plaisanterie* ?

Ce jour-là, en rentant chez lui, il trouve dans son salon Mme Walter accompagnée de ses filles, ainsi que Mme de Marelle. Il serre la main de cette dernière chaleureusement comme pour lui signifier « je vous aime toujours ». Mme Walter parle d'une fête que Jacques Rival va donner chez lui. Du Roy propose de la conduire avec ses filles qu'il observe : Suzanne est plus jolie que sa sœur Rose. Elle est blonde, fine : elle a l'air d'une poupée.

Quand tout le monde est parti, Madeleine rit :

— Tu sais, tu as inspiré une passion à Mme Walter.

— Comment ça ?

— Oui, oui ! Elle m'a parlé de toi avec un enthousiasme fou ! Elle voudrait trouver deux maris comme toi pour ses filles.

— Ah !

— Oh, mais Mme Walter est une femme inattaquable, il ne s'est jamais rien murmuré sur son compte. Elle a toujours été fidèle à son mari, c'est une honnête femme. Elle est dame patronnesse* de toutes les bonnes œuvres de la Madeleine.

---

gifler donner un coup avec la main sur la joue
la plaisanterie propos ou acte destiné à amuser

dame patronnesse personne qui participe à une œuvre de bienfaisance

[handwritten note: if you aren't married, id ask your hand to suzanne]

— Alors, elle m'aime bien ?

— Oui, je viens de te le dire. Si tu n'étais pas marié, je te conseillerais de demander la main de Suzanne. *— Mme Walter*

— Mais, la mère n'est pas mal non plus…

— Ce n'est pas à son âge que l'on commet sa première erreur.

Après cette conversation, Georges se dit : « Et si c'était vrai ? J'aurais peut-être pu épouser Suzanne… »

Le lendemain, il va chez Clotilde, comme autrefois. Tout recommence :

— Ma chère petite Clo, comme je vous aime…

— Et moi aussi…

— Alors, tu ne m'en veux pas trop ?

— Non. J'ai toujours su que tu me reviendrais…

— Je n'osais pas venir.

— Allons…

— Où pouvons-nous nous voir ?

— Rue de Constantinople.

— Tu as gardé l'appartement ?

— Oui, je savais que tu reviendrais.

— Je t'adore !

— À demain !

Le samedi suivant, comme convenu, Bel-Ami va chercher Mme Walter pour la fête chez Rival. Madeleine ne veut pas venir. Pour la première fois, il trouve la femme de son patron très belle : elle porte une robe de couleur claire. Elle est désirable à ses yeux. Elle ne parle guère que pour dire des choses convenues. Suzanne aussi est fort jolie, elle ressemble à un Watteau*. Pendant l'après-midi, Bel-Ami ne cesse

---

un Watteau tableau d'Antoine Watteau (1684-1721), peintre français

de lancer des regards à la femme de son patron. Il sent qu'elle l'apprécie vraiment : « J'ai de la chance avec les femmes, » se dit-il.

En rentrant chez lui, Madeleine l'informe des nouvelles du Maroc :

— Il y a du nouveau. On va en profiter pour renverser le ministère et Laroche profitera de l'occasion pour prendre les Affaires étrangères.

De son côté, depuis quelque temps, Madeleine se fait des relations grâce à l'influence politique de son mari. Elle fait venir chez elle les femmes des sénateurs et des députés qui ont besoin de l'appui de *La Vie Française*. Elle organise des dîners. C'est Georges qui va avertir les Walter pour la nouvelle soirée. Il veut en profiter pour se retrouver face à Mme Walter. En le voyant, celle-ci lui demande :

— Quel bon vent vous amène, Bel-Ami ?

Alors, le jeune homme se lance dans un numéro de charme comme il sait si bien les faire :

— Aucun… juste le désir de vous voir. Je n'ai rien à vous dire. Me pardonnez-vous cette visite matinale ?

— Mais, je ne comprends pas…

— C'est une déclaration légère, pour ne pas vous effrayer*.

— Une déclaration sérieuse ?

— Mais oui ! Cela fait longtemps que je voulais vous la faire, mais je n'osais pas. On vous dit si sévère…

— Pourquoi aujourd'hui, alors ?

— Parce que je ne pense qu'à vous depuis hier.

Bel-Ami s'est mis à genoux, la tient de force enlacée à la taille et il répète :

— Je vous aime follement, depuis longtemps. Ne me répondez pas… Je suis fou ! Si vous saviez comme je vous aime…

---

effrayer faire peur

Mais, Mme Walter le repousse. Elle tourne la tête pour éviter ses baisers. Alors, Du Roy quitte l'appartement. Il est sûr de lui : elle va lui appartenir.

[Plus tard, lors d'un dîner, Georges observe toutes ses femmes : Mme Walter n'est pas mal malgré son âge, mais Clotilde est bien plus fraîche et plus jolie ; sa femme aussi est bien, mais il a gardé contre elle une colère tenace et méchante.]

Ce qui l'excite chez Mme Walter, c'est la difficulté de la conquête. En la raccompagnant chez elle, il lui prend les mains :

— Comme je vous aime ! Je ne peux plus vivre sans vous voir…

— Non, non… songez à ce que l'on dirait… Non, c'est impossible !

— Je viendrai chez vous !

— Non, non !

— Où puis-je vous voir alors ? Dans la rue ? Quand ? Je veux vous voir… »

Alors, Mme Walter perdue, répond :

— Je serai à la Trinité* demain, à trois heures et demie.

Il la tient, il a gagné !

Le lendemain, Du Roy arrive en avance au rendez-vous. Il attend dans l'église quand enfin, elle arrive :

— J'ai peu de temps. Mettez-vous à genoux près de moi, pour qu'on ne nous remarque pas.

— Merci, merci ! Je vous adore. Je voudrais vous raconter comment j'ai commencé à vous aimer. Je pourrais un jour ?

— Je suis folle de vous laisser me parler ainsi, folle d'être venue, de vous faire croire que… cette aventure… peut avoir une suite…

— Je n'attends rien et n'espère rien. Je vous aime, c'est tout. Je vais

---

la Trinité église située dans le IXe arrondissement de Paris, construite entre 1861 et 1867, à la demande du Baron Haussmann

vous le répéter tant de fois, que vous finirez par comprendre et un jour, vous me répondrez « moi aussi, je vous aime ».

Mme Walter tremble et finit par dire :

— Moi aussi, je vous aime. Je me sens coupable. Je n'aurais jamais pensé... Je ne peux pas... C'est plus fort que moi. Je n'ai jamais aimé que vous, je vous le jure. Je vous aime depuis un an dans le secret... Oh ! J'ai souffert !

Maintenant, elle pleure. Georges prend sa main qu'il pose contre sa poitrine.

— Laissez-moi maintenant, je veux être seule.

Un prêtre passe alors et elle le supplie d'écouter sa confession. En sortant du confessionnal, elle dit à Du Roy :

— Ne me raccompagnez pas et ne venez plus chez moi, seul. Vous ne seriez point reçu. Adieu !

En retournant au bureau, Walter, qui l'appelle comme tout le monde Bel-Ami, lui annonce :

— Bel-Ami, nous avons un gros événement. Le ministère est tombé. Laroche-Mathieu prend les Affaires étrangères. Nous devenons une feuille officieuse* !

Georges rentre content chez lui. Là, dans la soirée, il reçoit un message de Mme Walter qui a changé d'avis :

J'avais perdu la tête. Pardonnez-moi, demain à Monceau, à quatre heures.

Le lendemain, il retrouve sa nouvelle maîtresse, Mme Virginie Walter, et l'emmène rue de Constantinople. Enfin, elle cesse de se débattre et laisse Bel-Ami faire ce qu'il veut d'elle.

---

feuille officieuse journal qui n'a pas été confirmé par une autorité

DELF - Compréhension

1 **Cochez si les affirmations sont vraies (V) ou fausses (F).**

	V	F
Georges et Clotilde recommencent à se voir.	☑	☐
1 Suzanne est la fille de Mme et M. Walter.	☑	☐
2 Madeleine dit que Mme Walter n'apprécie pas Bel-Ami.	☐	☑
3 Mme Walter a la réputation d'une femme qui a eu beaucoup d'amants.	☐	☑
4 Rival a organisé une fête chez lui.	☑	☐
5 Bel-Ami fait une déclaration à Suzanne Walter.	☑	☐
6 Virginie Walter et Georges se retrouvent dans une église.	☐	☑

2 **Formez des phrases.**

0 Du Roy met un terme	**a** moins belle que sa sœur.
1 Suzanne est	**b** une femme vertueuse.
2 Rose est	**c** une jeune fille très jolie.
3 Mme Walter est très enthousiaste	**d** de la situation de son mari.
4 Mme Walter est	**e** quand elle parle de Du Roy.
5 L'histoire entre Bel-Ami et Clotilde	**f** à résister à Bel-Ami.
6 Clotilde a	**g** n'est pas finie.
7 Madeleine profite	**h** gardé l'appartement rue de Constantinople.
8 Mme Walter ne réussit pas	**i** aux moqueries qui se disent sur son compte.

Vocabulaire

3 **La religion. Associez chaque mot à sa définition.**

0	église	**a**	Chef élu de l'Église catholique.
1	prêtre	**b**	Meuble fermé séparé en deux compartiments, respectivement pour le confesseur et pour celui ou celle qui se confesse.
2	pape	**c**	Ministre d'un culte.
3	confession	**d**	Reconnaissance de ses péchés devant un prêtre afin d'en obtenir le pardon.
4	confessionnal	**e**	Édifice consacré où une assemblée de chrétiens vient célébrer son culte.

4 **Le corps humain. Complétez ces phrases avec les mots donnés.**

> genoux • tête • poitrine • cheveux • mains
> lèvres • taille • joues • fine • yeux

En raccompagnant Virginie Walter, Bel-Ami lui prend les *mains* .

1 Il la tient enlacée à la ....

2 Elle tourne la .... pour éviter ses baisers.

3 Suzanne a les .... blonds et est ....

4 Georges et Virginie se mettent à ....

5 Il pose sa main contre sa ....

6 Elle a les .... rouges d'émotion.

7 Il veut embrasser ses ....

8 Elle a les .... qui brillent.

Orthographe

5 **Complétez les phrases avec *c'est, ces, ses, s'est, sais, sait*.**

Duroy admire ....*ses*.......... femmes.

1 Il ne .... jamais rien dit sur elle.

2 .... une femme honnête.

3 Elle aime .... filles.

4 Je .... que tu reviens toujours.

5 .... sûr, elle lui appartient.

6 .... conquêtes le rendent heureux.

7 Il parle de .... projets.

8 Il .... reconnaître un gagnant.

Grammaire

6 **Formez des phrases comparatives.**

Suzanne • jolie • Rose (+)
Suzanne est plus jolie que Rose.

1 Mme Walter • fidèle • Clotilde (+)

2 Clotilde • aimer • son mari • Bel-Ami (-)

3 Ils • inviter • hommes politiques • artistes (=)

4 Madeleine • apprécier • les fêtes • Clotilde (-)

5 Suzanne • jolie • gentille (=)

6 Il y a • monde dans l'église • d'habitude (-)

7 **Transformez ces phrases à la forme négative.**

Venez encore chez moi
Ne venez plus chez moi.

1 Tu seras reçu.

2 Il lui a déjà parlé.

....

3 Elle est jolie.

....

4 Elle connaît beaucoup de monde.

....

5 Nous comprenons tout.

....

6 Pars !

....

7 Je te demande tout.

....

8 Tu veux la revoir souvent.

....

9 C'est fini.

....

10 Refais ce plat.

....

Production écrite

8 Bel-Ami séduit facilement Mme Walter. Il connaît bien son rôle. Relevez le vocabulaire qu'il utilise et les gestes qu'il emprunte pour simuler sa passion. Comment apparaît-il au lecteur ?

9 De son côté Mme Walter joue à la dame patronnesse. Que dénonce Maupassant en situant la rencontre de Bel-Ami et de Virginie dans une église ?

ACTIVITÉ DE PRÉ-LECTURE

Pronostic

10 Selon vous, comment va se passer la liaison entre Bel-Ami et Mme Walter ? Est-ce une relation qui peut durer dans le temps ? Pourquoi ?

Chapitre 7

D'autres ambitions

Désormais, *La Vie Française* a gagné une importance considérable avec ses attaches* connues avec le pouvoir. Elle donne, avant les journaux sérieux, les nouvelles politiques et indique les intentions des ministres. Tous les journaux cherchent chez elle des informations. On la cite, on la redoute* et on commence à la respecter. Laroche-Mathieu est l'âme du journal et Du Roy son porte-voix. Le salon de Madeleine est devenu un centre influent où se réunissent chaque semaine des membres du cabinet. Le ministre des Affaires étrangères vient chez les Du Roy à tout moment : il apporte des informations et des renseignements qu'il dicte soit au mari soit à la femme. Du Roy n'apprécie pas cet homme. Alors, Madeleine lui répond à chaque fois :

— Fais-en autant que lui ! Deviens ministre !

— Cet homme te fait la cour* !

— Oh, non ! Mais, il fait notre fortune.

— Bah ! Je préfère encore Vaudrec ! Au fait, que devient-il, celui-là, on ne l'a plus vu depuis huit jours ?

— Il est malade. Il est couché. Tu pourrais passer lui rendre visite, cela lui ferait plaisir, il t'aime beaucoup.

— Oui, j'irai…

l'attache lien
redouter craindre
faire la cour chercher à séduire

Du Roy n'aime pas les hommes politiques, car il les envie. Il se dit :
« Ah, si j'avais cent mille francs pour me présenter à la députation* de
mon beau pays de Rouen, quel homme d'État je ferais ! »

Tous les lundis et vendredis, Bel-Ami a rendez-vous avec Clotilde,
rue de Constantinople. Ce jour-là, nous sommes lundi et il attend
au journal de retrouver sa maîtresse un peu plus tard. Or, il reçoit un
message de Mme Walter lui demandant de se rendre urgemment rue
de Constantinople. Du Roy est furieux(Depuis six semaines, il essaie
de rompre avec elle) Elle l'ennuie, car elle lui fait sans cesse des scènes.
Il s'est éloigné, espérant qu'elle comprendrait, mais au contraire elle
s'accroche. Elle veut le voir tous les jours et lui envoie des messages à
tout moment pour lui dire qu'elle l'adore. Et surtout, Bel-Ami craint
que Clotilde ne passe à l'appartement quand elle y est. Il aime de
plus en plus Mme de Marelle : ils sortent et rient beaucoup ensemble.
Cependant, il va souvent dîner chez les Walter où il commence à
jouer avec Suzanne. Cette jeune fille se moque de tout le monde et
Bel-Ami s'entend très bien avec elle.

Après avoir lu le message de Mme Walter lui demandant de la
rejoindre, il doit y aller. Le ton est grave. Mais, il doit faire vite, car
Clotilde arrive à quatre heures.

Dès que Mme Walter passe le pas de la porte, elle veut embrasser
Bel-Ami qui s'écrie :

— Tu ne vas pas recommencer !

— Il ne fallait pas me prendre, pour me traiter ensuite ainsi. Tu aurais
dû me laisser dans ma vie de famille. Tu es odieux ! Tu me fais souffrir !

— Zut ! En voilà assez ! Je te rappelle que tu t'es donnée à moi et

---

la députation fonction de député

que tu avais toute ta raison. Tu as un mari et j'ai une femme. Nous ne sommes libres ni l'un ni l'autre. Nous nous sommes offert un caprice et maintenant c'est fini ! *a quick fling*

— Comme tu es brutal et grossier ! *rude*

— C'est pour ça que tu m'as fait venir ?

— Non, je suis venue… pour te donner… une nouvelle… une nouvelle politique… pour te donner le moyen de gagner cinquante mille francs… ou même plus… si tu veux…

— Comment ça ? Que veux-tu dire ?

— J'ai entendu mon mari discuter avec Laroche hier soir. Ils vont s'emparer du Maroc.

— Mais, enfin, Laroche ne m'a rien dit.

— Walter et lui ont peur que tu dévoiles* tout. *expose*

Georges s'assoit sur un fauteuil et Virginie par terre devant lui. Elle explique la situation : c'est une très grosse affaire préparée dans l'ombre. Du Roy écoute avec attention. Mme Walter est contente d'elle. Elle parle en femme de financier habituée aux coups de bourse, aux évolutions de valeurs et aux spéculations.

— Tu devrais acheter de l'emprunt marocain, il est encore bas, lui conseille-t-elle.

— Oui, mais je n'ai pas d'argent disponible.

— J'y ai pensé… si tu étais gentil, tu me laisserais t'en prêter…

— Non !

— Si tu veux, on peut s'arranger. J'en achète moi et si ça marche on partage.

— Je n'aime pas tes combinaisons.

— Pense que c'est avec la banque Walter que je les achète. Pense

dévoiler faire apparaître ce qui est caché

aussi à tout ce que tu as fait pour que cette campagne marche. Tu devrais en profiter !

— Soit ! Je me mets de moitié avec toi. Si nous perdons, je te devrais dix mille francs.

Virginie est si contente qu'elle lui saute au cou.

— Non, non, sois sage. Pas aujourd'hui, dit Georges en la repoussant.

Clotilde va arriver. Cependant, Mme Walter garde la tête contre son amant. Elle aperçoit un cheveu à elle sur le gilet de son ami et se met à l'enrouler* autour d'un bouton, puis elle continue ainsi, entourant autour de chaque bouton un de ses cheveux. Virginie pense : « Ainsi, sans le savoir, il emportera quelque chose de moi tout à l'heure. »

Puis, ils se séparent.

Plus tard, Clotilde arrive. Elle s'assoit là où était un instant plus tôt Mme Walter, par terre près de son amant.

La jeune femme commence à déboutonner la veste de son amant quand elle dit :

— Tiens, tu as emporté un cheveu de Madeleine.

Puis, elle en trouve d'autres, à chaque bouton :

— Celle qui a fait ça t'aime, c'est certain !

Georges comprend ce qu'à fait Mme Walter et nie* :

— Mais, c'est n'importe quoi ! Arrête !

Soudain, Clotilde crie :

— Ah ! Mais, ces cheveux ne sont pas à Madeleine, ils sont gris ! Ah ! Tu prends des vieilles femmes maintenant ! Alors, tu n'as plus besoin de moi ! Garde l'autre, va !

---

enrouler rouler une chose en spirale sur une autre chose   **nier** contester

Elle se lève. Georges essaie de la retenir, mais elle ne l'écoute pas et quitte l'appartement.

Du Roy est fou de rage* contre Mme Walter. Puis, il pense à tout ce qu'il pourrait faire avec ses soixante mille francs. Tout d'abord, il serait nommé député, il jouerait en bourse et il achèterait des objets.

Le comte de Vaudrec meurt. Madeleine apprend par le notaire que ce dernier lui a légué toute sa fortune. Du Roy est en colère contre sa femme :

— Tu as été la maîtresse de Vaudrec ? C'est ça ?

— Voyons, voyons… tu es fou !

— Il aurait pu me laisser quelque chose, à moi, ton mari, pas à toi, ma femme.

— Il m'offre sa fortune car il n'a personne d'autre.

— C'est égal. Tu ne peux accepter cet héritage. Tout le monde croira que tu étais sa maîtresse. Je dois avoir soin de mon honneur et de ma réputation.

— Eh, bien, n'acceptons pas. Ce sera un million de moins dans notre poche, c'est tout.

— Il faudrait trouver un moyen de pallier* la chose… Il faudrait laisser entendre qu'il a partagé sa fortune entre nous. Tu pourrais me laisser la moitié de l'héritage par donation. De toute façon, tu ne peux accepter cet argent qu'avec mon accord, donc je te le donne à cette condition.

— Comme tu voudras.

être fou de rage être très mécontent   **pallier** dissimuler

DELF - Compréhension

1 **Choisissez la bonne solution.**

La Vie Française...
a ☐ a des relations avec les autres journaux.
b ☑ a des relations avec le pouvoir.
c ☐ n'a pas de relation avec le pouvoir.

1 Du Roy est...
a ☐ l'âme du journal.
b ☑ le porte-voix de Laroche-Mathieu.
c ☐ l'ennemi de Laroche-Mathieu.

2 Du Roy pense que Laroche-Mathieu...
a ☑ fait la cour à Madeleine.
b ☐ est l'amant de Madeleine.
c ☐ n'aime pas Madeleine.

3 Du Roy aimerait devenir...
a ☐ directeur du journal.
b ☐ ministre.
c ☑ député.

4 Du Roy essaie de rompre avec...
a ☐ Madeleine.
b ☐ Virginie.
c ☐ Clotilde.

5 Mme Walter peut...
a ☑ faire gagner de l'argent à Du Roy.
b ☑ faire perdre de l'argent à Du Roy.
c ☐ faire devenir ministre Du Roy.

6 Mme Walter enroule...
a ☐ un tissu autour des boutons du gilet de Du Roy.
b ☐ ses cheveux autour des boutons du gilet de Du Roy.
c ☐ ses cheveux sur le fauteuil de Du Roy.

2 **Répondez aux questions.**

Comment réagit Clotilde en découvrant que Bel-Ami fréquente une autre femme ?
Elle crie et part.

1 Comment se réconforte Du Roy ?
....

2 Que compte faire Du Roy avec ce qu'il va gagner ?
....

3 Que devient Vaudrec ?
....

4 Qu'a décidé Vaudrec ?
....

5 Que pense Du Roy de la relation de sa femme avec Vaudrec ?
....

6 Quelle décision prend le couple ?
....

Vocabulaire

3 **La vie politique. Complétez ce texte avec les mots donnés.**

> président de la République • ministres • député
> République • fraternité • citoyens • vote • gouvernement
> liberté • démocratie • élu • droit de vote • égalité

Bel-Ami se passe sous la IIIe (0) ...... *République* ... . Du Roy
rêve de devenir (1) .... Il faut pour cela qu'il
soit (2) .... après le (3) .... des
(4) .... Le (5) .... de la France repose
sur le (6) .... et ses (7) .... C'est une
(8) .... Le (9) .... est accordé à tous
les Français de plus de 18 ans. La devise de la France est
(10) ...., (11) ...., (12) ....

Orthographe

4 Soulignez la forme correcte.

Walter et Laroche-Mathieu <u>ont</u> / on peur que Du Roy parle.

1 Virginie est assise part / par terre.
2 On / ont peut s'arranger.
3 Clotilde arrive / arrives le lundi à quatre heures.
4 Tu n'a / n'as plus besoin de mois / moi.
5 L'emprunt est encore bat / bas.
6 Elle connaît les coups / cous de la Bourse.

Grammaire

5 Complétez les phrases avec un pronom démonstratif.

Le comte de Vaudrec ? Que devient-il ......*celui-là*...... ?

1 .... lui fera plaisir de te voir.
2 .... est un secret d'État.
3 .... est pour .... que tu m'as fait venir ?
4 Cette femme n'est pas .... qu'il aime.
5 Parmi les députés, Laroche-Mathieu est .... qui vient le plus souvent.
6 .... qu'elle voit lui suffit à comprendre.

Production écrite

6 Créez un dialogue en suivant les indications données.

1 Walter salue Laroche-Mathieu et demande des nouvelles.
2 Laroche-Mathieu dit à Walter qu'il doit lui annoncer une nouvelle importante.
3 Walter demande de quoi il s'agit.
4 Laroche-Mathieu demande d'abord à Walter de garder le silence.
5 Walter demande pourquoi.
6 Laroche-Mathieu explique que c'est un secret d'État.

7 Walter accepte.

8 Laroche-Mathieu dit que la France va envahir le Maroc et qu'il faut acheter de l'emprunt marocain.

9 Walter dit qu'il comprend et qu'ils vont gagner une belle fortune.

10 Laroche-Mathieu dit qu'il se méfie de Du Roy, qu'il a peur qu'il parle.

11 Walter dit qu'il ne lui dira rien.

12 Laroche-Mathieu est du même avis.

Production orale

7 Observez l'illustration de la page 75. Quels sentiments éprouvent les personnages ?

ACTIVITÉ DE PRÉ-LECTURE

Pronostic

8 Du Roy est dans une situation délicate. Il ne veut plus voir Mme Walter qui va pourtant lui faire gagner de l'argent. Il a perdu Clotilde de Marelle et il exige que sa femme partage l'héritage qu'elle a reçu de Vaudrec. Que va-t-il se passer maintenant pour Bel-Ami ? Avec les femmes et avec l'argent ?

Chapitre 8

Nouveaux amours

La conquête du Maroc a eu lieu et on dit que plusieurs ministres ont gagné beaucoup d'argent sur ce coup. Walter est devenu un des maîtres du monde, un financier omnipotent. Il est tellement riche qu'il achète, rue du Faubourg-Saint-Honoré, un des plus beaux hôtels de la capitale avec jardin sur les Champs-Élysées. Il achète aussi un grand tableau d'un peintre hongrois nommé Karl Marcowitch* et il invite tous les gens connus dans la société parisienne à contempler l'œuvre chez lui. Sa maison sera ouverte le trente décembre. Du Roy est jaloux du triomphe de son patron. Il est en colère contre tout le monde : les Walter, qu'il n'a plus été voir chez eux, sa femme, qui s'est fait avoir* par Laroche qui ne lui a pas conseillé d'acheter des fonds marocains, et il en veut surtout au ministre qui s'est moqué de lui et qui vient chez lui tout le temps.

Le soir du trente décembre, M. et Mme Du Roy vont chez les Walter. L'entrée de l'hôtel est superbe : des globes* électriques illuminent la cour d'honneur et un tapis magnifique descend du perron*. Des hommes en livrée* sont postés comme des statues. Tout le monde s'extasie :

— Que c'est beau ! Fort beau !

Le vestibule compte un escalier monumental et des petites filles

---

Karl Marcowitch Maupassant déguise ici le nom d'un peintre hongrois à la mode qui vivait à Paris, Mihaly Munkacsy (1844-1900)
se faire avoir se faire tromper

le globe sphère servant de lampe
le perron escalier extérieur
des hommes en livrée domestiques

offrent des fleurs aux dames. Il y a un monde fou dans tous les salons de la demeure.

Mme Walter reçoit ses amies dans le deuxième salon. Elle pâlit* en voyant Georges. Celui-ci la salue avec cérémonie. Puis, il laisse sa femme avec la patronne.

Tout à coup, on le saisit par le bras :

— Ah ! Vous êtes là ! Enfin ! Méchant Bel-Ami, pourquoi on ne vous voit plus ?

C'est Suzanne. Georges est enchanté de la revoir et s'excuse :

— Je suis désolé, j'ai eu beaucoup à faire.

— C'est très mal. Vous nous faites beaucoup de peine car nous vous adorons, maman et moi. Quand vous n'êtes pas là, je m'ennuie à mourir. Vous n'avez plus le droit de disparaître. Venez, je vais vous montrer le tableau. Mon père fait vraiment le paon* avec cet hôtel.

La jeune fille lui prend le bras. Sur leur passage, les gens disent :

— Quel beau couple !

Et Georges pense : « Si j'avais été vraiment fort, c'est celle-là que j'aurais épousée. Comment n'y ai-je pas pensé plus tôt ? Pourquoi ai-je pris l'autre ? Quelle folie ! J'ai agi trop vite. »

Suzanne continue à lui parler :

— Maintenant que papa est si riche, nous pourrons faire des folies !

— Oh, mais vous allez vous marier maintenant, avec un beau prince.

— Oh, non ! Je veux me marier avec quelqu'un qui me plaît. Je suis assez riche pour deux.

Enfin, Du Roy peut admirer le chef-d'œuvre. C'est vraiment une peinture puissante.

pâlir devenir blanc

faire le paon se mettre en valeur

Tout à coup, il entend quelqu'un dire à voix basse :

— C'est Laroche et Mme Du Roy.

Alors ainsi, elle se moque de lui. Cette femme devient gênante pour lui. Ah, comme il voudrait Suzanne... Puis, la jeune fille salue un certain Marquis de Cazolles. Bel-Ami en est tout de suite jaloux.

Finalement, Mme Walter réussit à parler à son ancien amant :

— Que t'ai-je fait pour que tu me fasses souffrir autant. Tu n'es plus jamais venu. C'est atroce. Je pense à toi tout le temps. Tout me fait penser à toi et j'ai peur de parler de crainte de prononcer ton nom.

— L'amour n'est pas éternel. On se prend et on se quitte. Quand ça dure ça devient pénible et je n'en veux plus. Voilà la vérité. Cependant, si tu sais devenir raisonnable, me recevoir comme un ami, alors je reviendrai. En es-tu capable ?

— Je suis capable de tout pour te voir.

Elle pleure, mais lui donne un paquet contenant sa part de bénéfice dans l'affaire du Maroc.

Plus tard, alors que la foule diminue dans la maison, il discute avec Suzanne :

— Suzanne, vous croyez toujours que je suis votre ami ?

— Mais oui, Bel-Ami.

— Pouvez-vous me promettre de me consulter chaque fois que l'on demandera votre main ?

— Oui, je veux bien.

— Mais, c'est un secret entre nous, d'accord. Vous ne devez pas en parler à votre mère, ni à votre père.

— Pas un mot, c'est juré.

Du Roy retrouve sa femme et ils rentrent chez eux.

Sa femme a une surprise pour lui de la part de Laroche : une petite boîte noire. Georges l'ouvre et aperçoit la croix de la Légion d'honneur*.

— Bah, j'aurais préféré dix millions. Cela ne lui coûte pas cher.

— Tu es incroyable. Rien ne te satisfait maintenant.

— Cet homme ne fait que payer sa dette. Il me doit davantage.

L'hiver qui suit, les Du Roy vont régulièrement chez les Walter. Mme Walter porte désormais le noir. Elle explique :

— Je n'ai perdu personne des miens, mais je suis arrivée à l'âge où l'on fait le deuil* de sa vie.

Bel-Ami vient tous les vendredis. On dîne, on joue aux cartes, on s'amuse en famille. Quelques fois, Virginie essaie d'embrasser Bel-Ami, mais il la repousse toujours.

Au printemps, on parle tout à coup du mariage des filles Walter. Rose doit épouser un comte et Suzanne le marquis de Cazolles. Suzanne et Bel-Ami ont lié une véritable amitié : ils bavardent librement pendant des heures, se moquent de tout le monde et semblent être bien ensemble. Un jour, il lui donne son avis sur son prétendant :

— Ce marquis est un sot. Vous méritez mieux.

— Pourquoi dites-vous cela ? Vous ne le connaissez pas.

— Je suis… jaloux…

— Pourquoi ?

— Parce que je suis amoureux de vous.

— Vous êtes fou, Bel-Ami !

— Je le sais bien. Est-ce que je devrais vous avouer cela, moi, un homme marié, à vous, une jeune fille ? Je suis misérable ! Je n'ai pas

la Légion d'honneur la plus haute décoration honorifique française qui récompense les mérites militaires ou civils rendus à la Nation

faire le deuil se résigner à vivre dans la désolation

d'espoir, je perds la raison. Pardonnez-moi, mais quand j'entends que vous allez vous marier, ça me rend fou.

— C'est vrai, c'est dommage que vous soyez marié.

— Si j'étais libre, vous m'épouseriez ?

— Oui, Bel-Ami ! Je vous épouserais, car vous me plaisez beaucoup.

— Merci, merci… Je vous en supplie, ne dites « oui » à personne. Attendez encore un peu.

Depuis un certain temps, Georges espionne sa femme. Un vendredi soir, il lui propose d'aller chez les Walter, mais elle refuse.

Ça y est ! Georges tient sa vengeance ! Il sort et se cache dans un fiacre devant la porte de son appartement. Dix minutes plus tard, Madeleine apparaît. Il va ensuite chercher un commissaire. Les deux hommes accompagnés d'agents se rendent à l'adresse donnée par Du Roy dans un appartement meublé loué par Laroche-Mathieu. On constate facilement l'adultère*.

Au journal, Du Roy décide de renverser le ministre et annonce la nouvelle à Walter :

— Cet homme est fini ! C'est un malfaiteur public et je demande le divorce. J'étais ridicule. Mais ça y est, je suis maître de la situation. Je suis libre ! J'ai une certaine fortune, je me présenterai aux élections de mon pays. Avec ma femme, je ne pouvais pas me faire respecter. Pauvre Forestier ! Il était cocu sans s'en douter… Maintenant, je suis libre, je suis prêt ! J'irai loin !

M. Walter le regarde, surpris, puis il finit par dire :

— Tant pis pour ceux qui se mettent dans ces histoires-là, donnant ainsi raison à son ami.

l'**adultère** infidélité conjugale

DELF – Compréhension

1 **Cochez si les affirmations sont vraies (V) ou fausses (F).**

		V	F
	Walter est devenu riche grâce à la conquête du Maroc.	☑	☐
1	Walter achète une villa sur les Champs-Élysées.	☐	☐
2	Walter invite toute la haute société parisienne chez lui.	☐	☐
3	Suzanne reproche à Bel-Ami de ne plus venir.	☐	☐
4	Mme Walter ne donne pas sa part de bénéfice à Du Roy.	☐	☐
5	Du Roy reçoit la Légion d'honneur.	☐	☐
6	Du Roy est content de recevoir la Légion d'honneur.	☐	☐
7	Mme Walter a décidé de s'habiller en noir.	☐	☐
8	Bel-Ami va tous les soirs chez les Walter après leur fête.	☐	☐
9	Bel-Ami avoue à Suzanne qu'il l'aime.	☐	☐
10	Du Roy espionne sa femme.	☐	☐
11	Madeleine et Laroche-Mathieu sont amants.	☐	☐
12	Georges ne veut pas divorcer.	☐	☐
13	Le ministre Laroche-Mathieu tombe.	☐	☐
14	Du Roy est content de sa nouvelle situation.	☐	☐

Vocabulaire

2 **Les sentiments. Complétez ce texte avec les mots donnés.**

> séduire • volontaire • cruel • ennuie • courage • satisfait
> amour • fier • passionné • ~~triste~~ • joie • orgueilleux

Suzanne est (0) ....*triste*...... parce que Bel-Ami ne vient plus
chez elle. Elle trouve qu'il est (1) .... Bel-Ami éprouve
de la (2) .... à revoir Suzanne. Il est (3) ....
et pense qu'il doit la (4) .... Suzanne ne veut pas
se marier avec n'importe qui : elle veut quelqu'un qui ne
l'(5) .... pas. Bel-Ami est (6) .... d'entendre
que Suzanne aimerait bien l'épouser. Il a donc le (7) ....
de lui déclarer son (8) .... Il est décidé à aller au bout.
Bel-Ami est un homme (9) ...., (10) .... et
(11) .... Va-t-il réussir ?

Orthographe

3 Complétez les phrases avec *prêt, prêts, près, pré* et *prés*.

Bel-Ami est ....*prêt*... à devenir un homme important.

1 Il est .... de son but.

2 Ils se promènent dans un ....

3 Madeleine n'aime ni les champs ni les ....

4 Laroche-Mathieu n'est pas .... à démissionner.

5 Ils ont fait des .... à la banque.

6 Bel-Ami se tient .... de Suzanne.

Grammaire

4 Complétez les phrases avec le pronom personnel *en* ou *y*.

C'est un secret, vous ne devez ...*en*.... parler à personne.

1 Il tient à montrer sa fortune, il .... tient.

2 Il a une grande collection de tableaux, il .... parle à tout le monde.

3 Il ne veut plus de son amour, il n'........... veut plus.

4 Il n'aime pas la Normandie, il n'........... va pas.

5 Il n'a jamais vu une si belle demeure, il n'........... a jamais vue.

6 Il croit à sa victoire, il .... croit.

Production écrite

5 Imaginez la scène lorsque Du Roy fait constater l'adultère. Pensez à tous les personnages présents : Du Roy, le commissaire et ses deux agents, Madeleine et Laroche-Mathieu. Décrivez les sentiments que chaque personnage éprouve. Pour qui la situation est-elle le plus difficile ? Pourquoi ?

ACTIVITÉ DE PRÉ-LECTURE

Pronostic

6 Que va-t-il se passer maintenant ? Comment Du Roy va-t-il s'y prendre avec Suzanne ? Imaginez.

Chapitre 9

Une nouvelle vie

Trois mois plus tard, le divorce est prononcé et Madeleine a repris le nom de Forestier. C'est l'été et les Walter ont décidé de passer une journée à la campagne. Rose est avec son fiancé, le comte Latour-Yvelin. Bel-Ami est bien sûr invité. Il profite d'une petite promenade pour déclarer ses sentiments :

— Suzanne, je vous adore.

— Moi aussi, Bel-Ami.

— Si je ne vous ai pas pour femme, je quitterai Paris et ce pays.

— Demandez à mon père. Peut-être qu'il voudra…

— Non, c'est inutile. On me fermera la porte de votre maison, on m'expulsera du journal et nous ne pourrons même plus nous voir. On vous a promise au marquis de Cazolles. Ils espèrent que vous finirez par dire « oui ».

— Que faut-il faire alors ?

— M'aimez-vous assez pour commettre une folie ?

— Oui !

— Une grande folie ?

— Oui !!

— Il faudra braver* votre père et votre mère.

— Oui !

braver affronter

— Alors, il n'y a qu'un seul moyen. Il faut que la chose vienne de vous et non pas de moi. Vous êtes une enfant gâtée* et on vous laisse tout dire. Ce soir, en rentrant, vous irez voir votre maman toute seule d'abord et vous lui avouerez que vous voulez m'épouser. Elle sera très en colère…

— Non, maman voudra bien…

— Non, vous ne la connaissez pas. Elle sera plus fâchée et furieuse que votre père. Vous verrez, elle refusera. Mais, vous tiendrez bon et répèterez que vous voulez m'épouser : moi et moi seul !

— Je le ferai.

— Et ensuite, vous irez voir votre père et vous lui direz la même chose.

— Oui, et puis ?

— Et c'est là que ça devient grave. Si vous êtes vraiment résolue, alors, je vous enlèverai*.

— Oh ! Quel bonheur ! Vous m'enlèverez ? Quand ?

— Mais, ce soir… cette nuit.

— Où irons-nous ?

— C'est mon secret. Réfléchissez bien, Suzanne. Après cette fuite, vous devrez être ma femme. C'est le seul moyen, mais il est très dangereux pour vous.

— Je suis décidée ! Où dois-je vous retrouver ?

— Pouvez-vous sortir de chez vous toute seule ?

— Oui, je sais ouvrir la petite porte.

— Bien, alors quand le concierge sera couché, vers minuit, venez me rejoindre Place de la Concorde.

— D'accord.

---

gâté traité avec indulgence   **enlever** prendre par la force ou la ruse

— Oh, comme je vous aime ! Vous êtes bonne. Vous êtes sûre que vous ne voulez pas épouser M. de Cazolles. *he's asking if she still wants to marry*

— J'en suis certaine !

— Votre père sera sans doute fâché.

— Oh oui ! Il voudra me mettre au couvent.

— Vous voyez pourquoi il est nécessaire que vous soyez énergique.

— Je le serai.

Suzanne est heureuse et fière aussi. Elle ne pense pas à sa réputation, elle ne sait même pas qu'elle va être ternie*.

La jeune fille rêve. Ce qui va lui arriver est digne des aventures qu'elle a lues dans les romans.

Après cette discussion, Georges ne dit plus rien. Il songe à ce qui va se passer maintenant. Cela fait trois mois qu'il séduit sa proie, qu'il la captive. Il a su se faire aimer et aujourd'hui, il la cueille sans peine. Il a déjà obtenu que Suzanne se refuse à M. de Cazolles et maintenant, qu'elle quitte tout pour lui. Car en effet, c'est le seul moyen d'obtenir la jeune femme. Mme Walter l'aime toujours et jamais elle ne consentira à lui donner sa fille. Cependant, une fois qu'il tiendra la fille, il pourra traiter avec le père, de puissance à puissance.

Une fois de retour à Paris, les Walter insistent pour que Georges reste dîner, mais il décline l'invitation. Il rentre chez lui, et met de l'ordre dans ses affaires : il s'apprête à faire un voyage.

À minuit, Georges attend dans un fiacre sur la place de la Concorde. Il est nerveux : ce soir, il joue un très gros coup.

Enfin, Suzanne arrive et lui raconte la soirée : ça a été terrible.

— Maman surtout, dit Suzanne. Elle est devenue folle. Elle a déclaré que j'irai au couvent plutôt que de vous épouser. Je ne l'avais

---

être terni perdre de la réputation

jamais vue comme ça. En l'entendant crier, papa est arrivé. Il était moins furieux, mais il a dit que vous n'êtes pas un assez beau parti. Et je suis partie. Tout le monde criait.

Georges tient la jeune fille serrée contre lui, mais est en colère contre ces gens. Suzanne pleure inquiète pour sa mère.

En effet, chez les Walter, la situation est difficile. Mme Walter est dans tous ses états*, d'autant que M. Walter l'accuse d'avoir attiré Du Roy chez eux :

— Tu l'attirais, tu l'invitais sans cesse, tu le flattais*. C'était Bel-Ami par-ci, Bel-Ami par là, du matin au soir. Tu ne pouvais pas rester deux jours sans le voir !

Virginie pense à Bel-Ami, se disant que ce n'est pas possible, qu'il ne peut pas vouloir épouser sa fille. Puis, elle pense à la perfidie de cet homme. Voulant parler à sa fille, elle découvre la chambre vide. Elle va prévenir son mari qui s'exclame :

— C'est fait ! Il la tient. Nous sommes perdus.

— Comment ça, perdus ? demanda Mme Walter.

— Il faut qu'il l'épouse maintenant.

— Jamais ! hurle la femme.

— Ça ne sert à rien de hurler. Il l'a enlevée, il l'a déshonorée. Le mieux est de la lui donner. En s'y prenant bien, personne ne saura cette aventure.

— Jamais, jamais… Ce n'est pas possible, pas Suzanne…, se lamente Mme Walter.

— Pour éviter le scandale, il faut accepter tout de suite. Ah ! Il nous a bien eus. Il est fort tout de même. Nous aurions pu trouver un homme plus riche que lui pour Suzanne, mais pas aussi intelligent.

être dans tous ses états être bouleversé   **flatter** chercher à plaire

C'est un homme d'avenir. Il sera député et ministre.

Mme Walter souffre comme jamais. Elle ne sait plus quoi faire, ni que dire. Elle est seule dans sa douleur. Elle se sent mal. On la retrouve le lendemain, inanimée par terre. Elle a perdu connaissance.

Bel-Ami obtient rapidement ce qu'il veut et il ramène Suzanne à Paris. Ils ont passé six jours sur les bords de Seine. La jeune fille s'est bien amusée.

Rue de Constantinople, Georges retrouve Clotilde. La jeune femme arrive très en colère contre lui :

— Alors, comme ça tu te maries avec Suzanne Walter ?

— Oui, tu ne le savais pas ?

— Tu n'es qu'un horrible individu. Cela fait trois mois que tu me cajoles* pour me cacher ça. Tout le monde le sait, excepté moi. Tu préparais ton coup depuis que tu as quitté ta femme. Tu me gardais gentiment comme maîtresse pour faire l'intérim*. Tu es dangereux ! J'aurais dû te deviner dès le début.

— Arrête un peu.

— Quoi ? Tu trompes tout le monde, tu exploites tout le monde. Tu prends du plaisir et de l'argent partout, et tu voudrais que je te parle bien ? Je sais très bien comment tu as volé l'héritage de Vaudrec à ta femme et comment tu as pris Suzanne.

— Je te défends* de parler d'elle.

Du Roy est vraiment furieux et la gifle : Clotilde tombe à la renverse* se faisant très mal. Georges la laisse là seule et s'en va. En partant, il avertit le concierge qu'il rendra les clés en octobre.

Le mariage est fixé au vingt octobre à l'église de la Madeleine.

---

cajoler entourer d'affection
l'intérim intervalle de temps pendant lequel une fonction est remplie par un autre que le titulaire

défendre de interdire de
tomber à la renverse tomber en arrière

Mme Walter ne se remet pas de cette union. Elle a l'air d'une vieille femme maintenant : ses cheveux sont devenus tout blancs.

Au niveau du journal, le baron Du Roy de Cantel devient le rédacteur en chef de *La Vie Française*, tandis que Walter conserve son titre de directeur.

Ce mariage est ce qu'on appelle un fait parisien. Un large tapis rouge recouvre les marches de la Madeleine pour annoncer au peuple parisien qu'une grande cérémonie va avoir lieu. L'église est pleine. Norbert de Varenne et Jaques Rival se retrouvent et se donnent des nouvelles :

— Eh bien ! L'avenir est aux malins !

— Tant mieux pour lui. Sa vie est faite !

— Qu'est devenue Madeleine ? demande Rival.

— Elle vit retirée à Montmartre, mais… je lis depuis quelque temps dans *La Plume* des articles politiques qui ressemblent terriblement à ceux de Forestier et de Du Roy. Ils sont signés Jean Le Dol, un jeune homme, beau, intelligent, de la même race que notre ami Georges et qui a fait la connaissance de son ancienne femme. Elle a toujours aimé les débutants et elle est riche…

— Elle est très fine !

La mariée entre enfin au bras de son père. Elle est très jolie. Walter est très digne. Mme Walter suit, derrière, donnant le bras à son autre gendre, Latour-Yvelin : la pauvre femme marche lentement, elle est très maigre et ses cheveux sont tout blancs. Georges est très beau et porte le ruban rouge de la Légion d'honneur.

Quand le prêtre prononce les mots liant les époux, on entend les sanglots de Mme Walter. Désormais, elle haït sa fille.

Georges est heureux de sa réussite : il pense à ses parents et décide de leur envoyer de quoi s'acheter un bien. Il se sent comme un roi devant un peuple. Mme de Marelle est là aussi. En la voyant, Bel-Ami repense à tous les bons moments passés avec elle et se dit : « Quelle charmante maîtresse, tout de même. » Elle lui tend la main timidement qu'il prend et garde un peu pour lui faire comprendre « je t'aime toujours, je suis à toi ». Ce à quoi elle répond :

— À bientôt, Monsieur.

Maintenant, le couple de mariés sort de l'église. Georges ne pense qu'à lui. Il regarde devant, la foule amassée qui le contemple et l'envie. Au loin, derrière la place de la Concorde se trouve la Chambre des députés et il lui semble qu'il n'a qu'à faire un pas pour l'atteindre.

high status

not far one step away

— never satisfied

DELF – Compréhension

1 **Cochez si les affirmations sont vraies (V) ou fausses (F).**

		V	F
	Maintenant, Du Roy est un homme divorcé.	☑	☐
1	Bel-Ami propose à Suzanne de l'enlever.	☐	☐
2	Suzanne ne veut pas être enlevée.	☐	☐
3	Bel-Ami est obligé d'épouser Suzanne.	☐	☐
4	Mme Walter accepte bien ce mariage.	☐	☐
5	Clotilde est furieuse en apprenant la nouvelle.	☐	☐
6	Du Roy devient rédacteur en chef de *La Vie Française*.	☐	☐
7	Madeleine a quitté Paris.	☐	☐
8	Du Roy sait qu'il deviendra député.	☐	☐

Vocabulaire

2 **Le caractère. Complétez ce texte avec les mots donnés.**

> haine • courage • gentil • ~~heureux~~ • surprise • fière • calme
> passion • sympathique • pleure • agréable • colère

Bel-Ami est (0) .....*heureux*..... d'être avec Suzanne en promenade.
C'est une jeune fille (1) .... Quand il lui annonce
qu'il veut l'enlever, elle est (2) ...., mais reste
(3) .... Elle est (4) .... aussi. Elle trouve Bel-
Ami tellement (5) .... : il a toujours été (6) ....
avec elle. Par (7) ...., Suzanne est prête à accepter
ce qu'il lui dit de faire. Le soir, elle a donc le (8) ....
de le retrouver. Mme Walter (9) .... et est très en
(10) .... Elle éprouve de la (11) .... envers sa fille.

Grammaire

3 Complétez ces phrases en conjuguant au gérondif les verbes entre parenthèses.

(Voir) ..*En voyant*.. Clotilde, il sent qu'il l'aime toujours.

1 *(Se promener)* .... avec Suzanne, il espère lui dire ses sentiments.

2 *(Voir)* .... la réaction de sa mère, Suzanne est inquiète.

3 *(Crier)* .... , elle avertit Walter.

4 *(Gifler)* .... Clotilde, elle tombe à la renverse.

5 *(Se marier)* .... , l'honneur de la famille est sauf.

6 *(Descendre)* .... les marches de l'église, Du Roy ne pense qu'à sa carrière.

Production écrite

4 À quoi pense Bel-Ami en sortant de l'église ?
Comment imaginez-vous son futur ?

5 Bel-Ami retrouve Clotilde lors de son mariage. On comprend par leurs gestes qu'ils vont se revoir. Comment Bel-Ami se comporte-t-il avec cette jeune femme durant tout le roman ?

6 On a des nouvelles de Madeleine. Que devient-elle ?
Comment peut-on imaginer sa vie et son avenir ?

Le déjeuner des canotiers Auguste Renoir, 1881

Guy de Maupassant et son œuvre

Guy de Maupassant est né en 1850 à Tourville-sur-Arques, près de Dieppe, et est mort en 1893 à Paris.

Il passe une enfance heureuse avec sa mère à Étretat, en Normandie, à la campagne avec des paysans. Il finit ses études à Rouen où il commence à écrire des poèmes. Il s'engage comme garde mobile en 1870 et assiste à la débâcle*. Après 1871, pour gagner sa vie, il devient commis dans un ministère : il observe de près le milieu des bureaucrates et des jeunes snobs, car il pratique le canotage et fréquente les guinguettes. Entre 1871 et 1880, il subit l'influence de Flaubert, un ami de sa mère : celui-ci lui apprend à observer la réalité avec des yeux neufs et lui fait faire des exercices.

Il fréquente Zola à la même époque. Son premier succès arrive avec *Boule de Suif* en 1880.

Sa voie est tracée. De 1880 à 1891, il publie environ trois cents nouvelles et six romans : *Une vie* (1883), *Bel-Ami* (1885), *Mont Oriol* (1887), *Pierre et Jean* (1888), *Fort comme la Mort* (1889) et *Notre Cœur* (1890). Le succès lui permet d'accéder à la haute société. Ainsi, dans ces derniers romans, Maupassant dépeint la vie mondaine et ses histoires de cœur. Il devient riche et achète un yacht, le « Bel-Ami » avec lequel il voyage en Méditerranée.

Il rapporte ses souvenirs dans *Au Soleil* (1884), *Sur l'eau* (1888) et *La Vie errante* (1890).

Il souffre de névralgies de plus en plus douloureuses à cause du surmenage intellectuel, des excès physiques et de la drogue.

Des hallucinations s'ajoutent à son angoisse de la mort. Il devient fou. Il tente de se suicider, mais est interné et meurt en 1893 sans avoir retrouvé sa lucidité.

Bel-Ami est un roman qui appartient au mouvement du réalisme. On y retrouve les caractéristiques des romans réalistes de l'époque : un contexte géopolitique réaliste, voire réel, les besoins du corps (soif, faim) et un cadre spatio-temporel réel. L'ironie aussi tient une place importante dans le récit : Maupassant l'emploie pour ridiculiser Georges Duroy et dénoncer à travers lui les abus des milieux de la politique et du journalisme de son époque.

Bel-Ami est presque un roman d'apprentissage. Ce genre littéraire est né en Allemagne à la fin du XVIIIe siècle : il raconte l'entrée dans la vie d'un jeune héros, son évolution sociale, morale et amoureuse jusqu'à ce qu'il trouve sa place dans la société. Dans le cas de *Bel-Ami*, Maupassant narre l'évolution de Duroy d'un point de vue social, professionnel et financier. Cependant, moralement, le héros n'évolue pas ou plutôt de manière

Bel-Ami

négative : il est ambitieux, jaloux et même méchant. Duroy se laisse porter par les événements et doit sa réussite aux femmes. Malgré l'attrait qu'il exerce sur elles, il n'apprend pas à les aimer, il leur fait croire en son amour et pourtant, il reste étranger au sentiment amoureux. Finalement, Duroy n'apprend que la manipulation et l'opportunisme.

Guy de Maupassant

Vendu à treize mille exemplaires, *Bel-Ami* est un succès commercial dès sa parution pour l'auteur et pour son éditeur Havard. À l'époque, une certaine presse appartenait bien aux mains de groupes politiques et une autre était plus tournée vers les ragots. *Bel-Ami* dit donc vrai : c'est pourquoi, à sa sortie, le roman a suscité une vive émotion dans le monde du journalisme. Duroy comprend qu'il faut se situer au carrefour du journalisme, de la politique et de la finance, car l'enrichissement y est proportionnel à l'hypocrisie.

débâcle échec

Boulevard Haussmann, effet de neige Gustave Caillebotte, 1880-1881

Paris au XIXe siècle

Les transformations de Haussmann

Georges Eugène Haussmann (1809-1891) a été préfet de la Seine de 1853 à 1870. Sous le Second Empire, c'est lui qui a transformé le visage de Paris en élaborant un vaste plan de rénovation.

Au milieu du XIXe siècle, Paris a encore le même aspect qu'au Moyen Âge : les rues sont sombres, étroites et insalubres. Suite à une visite de Londres complètement reconstruite, Napoléon III souhaite lui aussi faire de Paris une ville prestigieuse. L'idée principale, sous l'impulsion des théories hygiénistes, est d'améliorer la circulation de l'air et des hommes (en 1832, il y a eu encore une épidémie de choléra). Cette campagne pour changer Paris s'appelle « Paris embellie, Paris agrandie, Paris assainie ».

Le gouvernement veut aussi maîtriser les soulèvements populaires comme ceux de 1830 et 1848. Les boulevards permettront alors de tirer au canon et de faire passer la cavalerie. Haussmann a l'obsession de la ligne droite, de l'axe. C'est ainsi que des boulevards et des avenues sont percés de la place du Trône à la place de l'Étoile, de la gare de l'Est à l'Observatoire. La perspective devient un des critères de l'architecture de la ville : de la place de l'Étoile partent douze avenues dont la plus célèbre est l'avenue des Champs-Élysées.

Du point de vue architectural, les règles sont strictes. Les immeubles et les hôtels particuliers deviennent des références. Ces édifices se ressemblent tous : c'est l'esthétique du rationnel.
L'ingénieur fait aussi construire un réseau moderne d'égouts et d'eau.
Au total, on estime que les travaux du baron Haussmann ont modifié Paris à 60 %.

À la terrasse d'un restaurant dans le Bois de Boulogne, Hugo Birger (1855-1887)

Les parcs et jardins

Toujours dans le but d'améliorer l'air de la capitale, Haussmann fait aménager des parcs (le parc Montsouris et parc des Buttes-Chaumont) et des jardins et on voit naître environ quatre vingt squares. Il fait transformer les bois de Vincennes et de Boulogne en espaces voués à la promenade.

...

L'église de la Madeleine

Les églises

Haussmann souhaite construire des églises.

L'église de la Madeleine

Elle se situe sur la place de la Madeleine, dans le VIIIe arrondissement de Paris. Elle illustre parfaitement le style architectural néoclassique. Sa construction s'est étalée sur 85 ans en raison des troubles politiques en France à la fin du XVIIIe siècle et au début du XIXe siècle.

L'église de la Sainte-Trinité

Elle est située place d'Estienne-d'Orves, dans le IXe arrondissement de Paris. L'église et son emplacement appartiennent au plan de transformation de Paris du Baron Haussmann. Les travaux commencent en 1861 et s'achèvent en 1867. Elle a été conçue pour être vue depuis l'Opéra de Paris.

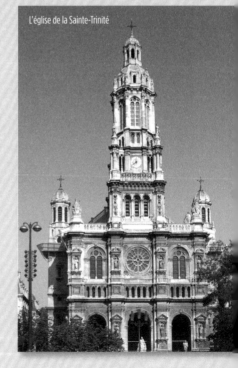

L'église de la Sainte-Trinité

L'Opéra Garnier

Ce théâtre se trouve dans le IXᵉ arrondissement de Paris. L'édifice est un monument particulièrement représentatif de l'architecture de la seconde moitié du XIXᵉ siècle et s'inscrit dans la continuité des transformations de Paris.

L'Opéra Garnier

Le métropolitain

Dès 1845, on envisage un réseau de chemin de fer dans Paris pour transporter les marchandises. Puis, différents projets voient le jour. Ce n'est qu'en 1898 que le projet de Fulgence Bienvenüe et d'Edmond Huet, le « chemin de fer métropolitain », est déclaré d'utilité publique. Les travaux commencent la même année. La première ligne (Porte de Vincennes - Porte Maillot) ouvre au public le 19 juillet 1900. Les édicules sont conçus par l'architecte de l'art nouveau, Hector Guimard.

Réalisme et naturalisme

Les Cribleuses de blé, Gustave Courbet, 1854

Le réalisme

Le réalisme est un mouvement artistique moderne apparu vers 1850 en France. On attribue ce terme à Jules Champfleury, écrivain français (1821-1889).

Le réalisme est né par besoin de réagir contre le romantisme. Il s'agit d'un mouvement culturel caractérisé par l'attitude de l'artiste face au réel. En littérature, les écrivains souhaitent représenter le quotidien le plus fidèlement à la réalité possible, sans omettre le banal, avec un point de vue objectif. Le roman est le genre littéraire qui se prête le mieux au réalisme : la création littéraire s'appuie sur des recherches documentaires approfondies. Cette démarche exige, selon Flaubert, un important travail sur la forme. Ce courant évolue donc naturellement vers le naturalisme. Balzac, dans *La Comédie humaine* (1842), se penche sur les mœurs de son temps, de même Stendhal dans *Le Rouge et le Noir* (1830). Le réalisme veut montrer la réalité telle qu'elle est : les sujets choisis sont donc les classes moyennes ou populaires, le travail, les relations conjugales ou les affrontements sociaux. Ce mouvement touche aussi la peinture avec les œuvres de Gustave Courbet, par exemple. Les peintres cherchent à représenter eux aussi la réalité sans l'embellir : ils s'intéressent alors à des sujets jusque là laissés de côté : les paysans et la vie rustique, les ouvriers... C'est l'époque de la révolution industrielle et les classes populaires prennent de plus en plus d'importance. De plus, la photographie fait son apparition et les progrès scientifiques font évoluer les mentalités. On s'oriente vers l'objectivité.

Le naturalisme

Le naturalisme s'inscrit dans le prolongement du réalisme. Les naturalistes introduisent des descriptions scientifiques et objectives des réalités humaines sans aucun tabou. Les différents thèmes abordés font l'objet de recherches et de documentation poussées. Le romancier observe la réalité, formule une hypothèse pour expliquer un fait social et vérifie cette hypothèse dans le roman. Le récit sert à vérifier l'hypothèse. Ce mouvement, né de l'influence des sciences, de la médecine expérimentale et des débuts de la psychiatrie, a été en partie créé par Émile Zola, qui en est le chef de file.

Les foins, Bastien-Lepage, 1877

Et Maupassant ?

Maupassant est à la fois réaliste et naturaliste. Il refuse de s'inscrire dans un mouvement. Pour lui, le romancier est un illusionniste qui impose à l'humanité son illusion du monde. *Bel-Ami* est un roman réaliste. L'auteur y décrit la réalité de son temps. Il souhaite en donner une image fidèle. Il s'attache donc à construire l'illusion référentielle : il s'agit de donner l'impression au lecteur que l'histoire est réelle, de lui faire oublier qu'il s'agit d'une fiction. Pour ce faire, il inscrit son roman dans un cadre spatio-temporel précis : les personnages vivent à Paris, les rues sont nommées, les lieux, les monuments. De plus, d'un point de vue temporel le cadre est très précis. Tout cela contribue aux effets de réel.

Rue de Paris sous la pluie, Gustave Caillebotte, 1877

Bel-Ami dans l'art

Au cinéma

Le roman de Maupassant a été souvent adapté au cinéma.
En 2012, la 9e adaptation du roman de Guy de Maupassant sort.

Ce film dépeint l'ascension sociale d'un jeune dandy séducteur arriviste, Georges Duroy, en particulier grâce à ses multiples maîtresses. Le film semble entièrement conçu autour de la figure de Robert Pattinson, cynique prédateur avalant l'escalier social au fil de ses conquêtes. Les femmes répandent, quant à elles, leur charme comme un poison : Uma Thurman et Kristin Scott Thomas sont parfaites en épouses dépressives et névrosées de la haute société. Le tout est filmé dans le Paris décadent de la fin du XIXe siècle où les femmes s'ennuient et sont réduites à influer en secret sur les sombres stratagèmes politiques qui animent leurs maris corrompus.

Année de sortie : 2012
Durée : 1h 43min
Réalisation : Declan Donnellan et Nick Ormerod
Avec : Robert Pattinson, Uma Thurman, Kristin Scott Thomas, Christina Ricci, Philip Glenister Holliday Grainger...
Genre : Drame
Nationalité : britannique, français, italien

Robert Pattinson

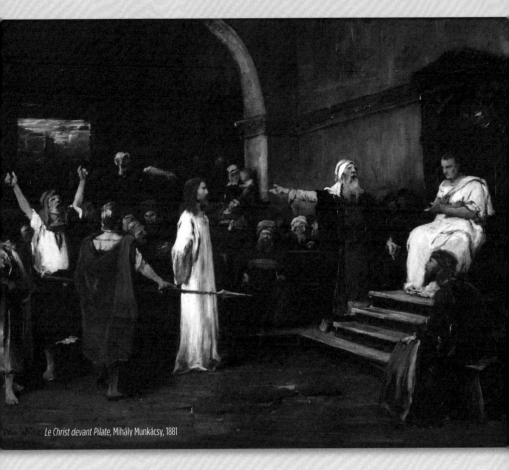

Le Christ devant Pilate, Mihály Munkácsy, 1881

Dans la peinture

Le réalisme du roman renvoie à la peinture de l'époque. Les peintres ont décrit la vie de cette époque. Voici quelques œuvres pour mettre en image le Paris de Maupassant et *Bel-Ami*.

Le Christ devant Pilate, 1881, Mihály Munkácsy

Dans le roman, Walter achète une œuvre d'art qu'il fait découvrir à la haute société parisienne. Sous le nom de Marcowitch, Maupassant cache le peintre Mihály Munkácsy (1844-1900). Celui-ci a peint *Le Christ devant Pilate*.

Ce peintre hongrois a vécu à Paris : il expose au Salon de Paris en 1870 où il rencontre un certain succès. Opposé à l'Impressionnisme, il a peu influencé les générations suivantes.

...

107

Un bar aux Folies Bergères, Édouard Manet, 1881-1882

Un Bar aux Folies-Bergères, 1881-1882, Édouard Manet

Édouard Manet (1832-1883) est un des initiateurs de la peinture moderne. Il se distingue des impressionnistes, car il utilise peu les nouvelles techniques de la couleur et le traitement particulier de la lumière. Cependant, il s'en rapproche par certains thèmes récurrents comme les portraits, les paysages marins, la vie parisienne ou encore les natures mortes.

Un bar aux Folies-Bergères est sa dernière œuvre majeure avant sa mort. La scène a été entièrement recréée en atelier. La jeune femme servant de modèle, Suzon, est une véritable employée de ce célèbre lieu. Le tableau dépeint avec réalisme un bar de l'époque : les bouteilles d'alcool, les fleurs, les fruits. On aperçoit, en arrière plan, le public nombreux qui fréquente le célèbre lieu.

Les Grands Boulevards, 1875, Pierre-Auguste Renoir

Pierre-Auguste Renoir (1841-1919) appartient au groupe des peintres impressionnistes. Il a peint de nombreux nus, des portraits, des paysages, des marines, des natures mortes et des scènes de genre. Dans ce tableau, il dépeint l'atmosphère qui se dégage du cœur de Paris.

Les Grands Boulevards, Pierre-Auguste Renoir, 1875

*La salle de rédaction
du Journal des débats,
Jean Béraud, 1889*

La salle de rédaction du Journal des débats, 1889, Jean Béraud

Jean Béraud (1848-1935) est un peintre académique français. Il est l'auteur de vues parisiennes traitées sur un mode réaliste et anecdotique. Il peint avec réalisme le milieu de la bourgeoisie, les petits métiers, l'ambiance des cafés et des rues de la capitale. *Le Journal des débats* a été fondé en 1789 et a été publié jusqu'en 1944. Ce tableau a été commandé par la rédaction du journal à l'occasion du centenaire de sa fondation.

Il réunit les principaux administrateurs et collaborateurs du journal en activité en 1889. Ce sujet est rare, mais, sous l'influence du naturalisme et du positivisme, les milieux artistiques commencent à s'intéresser, à la fin du XIXe siècle, à la représentation des milieux scientifiques, intellectuels ou d'affaires. La description minutieuse des détails traduit le naturalisme particulier de Béraud.

Une soirée à l'hôtel Caillebotte, 1878, Jean Béraud

Ce tableau représente avec minutie les détails d'un luxueux hôtel particulier de la rue Monceau à Paris. Il s'agit d'une fête privée où l'on peut admirer les belles robes de dames et le luxe du lieu.

Une soirée à l'hôtel Caillebotte, 1878, Jean Béraud

BILAN

Répondez aux questions.

1 Qui est Georges Duroy ?

....

2 D'où vient le surnom de Bel-Ami ?

....

3 Où se passe principalement le roman ?

....

4 Georges Duroy va voir ses parents. Où se rend-il ?

....

5 Quel métier va faire Duroy ?

....

6 Grâce à qui entre-t-il dans ce monde ?

....

7 Quelle est la première conquête féminine de Duroy ?

....

8 Citez toutes les femmes de Duroy.

....

9 Peut-on parler d'amour ?

....

10 Quelle conception du mariage ont les personnages ?

....

11 Que propose Duroy à Madeleine Forestier ?

....

12 Est-ce que Madeleine accepte ? Pourquoi ?

....

13 Financièrement, comment Duroy se fait-il aider pour avoir plus d'argent ?

....

14 Quelle image de la politique de l'époque ressort dans le roman ?

....

15 Quelle est l'ambition de Duroy ?

....

16 Comment s'y prend-il pour y parvenir ?

....

17 Que deviennent les autres personnages : Clotilde de Marelle, Madeleine Forestier et Mme Walter ?

....

CONTENUS

Vocabulaire
- Le corps humain et l'aspect physique
- La maladie
- Le caractère
- Les sentiments
- Les relations : la famille et les amis
- L'habitat
- La ville et la campagne
- La vie politique

Grammaire
- L'impératif
- La forme négative
- L'imparfait
- Le passé-composé
- Le plus-que-parfait
- Le futur
- Le conditionnel
- Le gérondif
- Le discours indirect
- Les connecteurs de temps
- Le féminin
- Le comparatif
- Les pronoms démonstratifs
- Les pronoms personnels *en* et *y*

LECTURES ELI SENIORS